CES ADOS
QUI NOUS PRENNENT
LA TÊTE

Collection dirigée par Jacques Arènes

Jean Marie FORGET

CES ADOS
QUI NOUS PRENNENT
LA TÊTE

Éditions FLEURUS

Couverture de *Céline Ambroselli*

ISBN : 2.215.04256.7

Introduction

« Luca avait le sentiment que le monde lui était hostile et que lui-même était hostile au monde ; et il lui semblait livrer une guerre continuelle et exténuante à tout ce qui l'entourait[1]. »

Il n'existe pas d'adolescent sans ses parents... Une particularité de l'adolescence tient à l'importance des parents dans la constitution des situations de crise. Certaines de ces situations peuvent conduire à demander l'aide d'un spécialiste. Le psychanalyste est amené à tenir compte du rôle des parents et à repérer où siège leur participation, pour permettre une solution. Il ne s'agit pas de charger les parents d'une responsabilité qu'ils seraient seuls à assumer. Mais il est nécessaire de prendre en compte leur rôle pour éclairer des manifestations qui resteraient incompréhensibles autrement, pour les rendre accessibles, et permettre d'élucider ce qui se présente souvent sous forme d'impasse. Il ne s'agit pas, dans ces lignes, de sup-

1. Alberto Moravia, *La désobéissance.*

poser systématique le recours à un psychanalyste. Mais nous voudrions, à partir de réflexions sur des situations qui y font appel, éclairer des modalités de relations qui sont habituelles.

Tout d'abord, on oublie volontiers qu'il n'y a pas de parents particulièrement préparés à l'adolescence de leur enfant. L'adolescence surprend par ses exigences, comme les responsabilités de la paternité ou de la maternité ont pu charger les épaules de ceux qui n'étaient jusqu'alors qu'homme ou femme. La naissance d'un enfant conduit ceux qui l'ont désiré à tenir une fonction, une place de parents sans y être préparés. De la même façon, l'adolescence introduit pour les parents des sollicitations sur un mode qu'ils ne comprennent pas toujours. Les exigences qu'ils rencontrent tiennent à ce que l'adolescence précède et prépare l'autonomie de l'âge adulte. Si la présence, l'avis et le soutien des parents restent déterminants, ces signes d'attention sont perçus par les adolescents comme des contraintes dont ils souhaiteraient pouvoir se passer. On pourrait dire que pour eux, la fonction de leurs parents se résume à : « Pouvoir les utiliser pour arriver à se passer d'eux ».

> « Les parents ça doit écouter,
> mais ça doit pas juger,
> ça doit pas condamner,
> ça doit comprendre,
> enfin comprendre c'est dur [2]. »

2. Madeleine Natanson, *Des adolescents se disent.*

A ce titre, l'intitulé *Le métier de parents* de cette collection est bien venu pour des parents d'adolescents. Si métier il y a, l'étymologie nous apprend que les mots « métier » et « ministère » ont la même racine latine *ministerium.* Exercer un métier c'est donc être « au service de... » Secondairement, au terme de métier est venue s'attacher la notion de « rémunération » comme contrepartie, ou celle du « savoir » corrélé à l'exercice du métier. Le métier de parents consisterait donc à être « au service », notamment des adolescents. Ceci soulignerait l'abnégation liée à cette fonction.

A l'adolescence, la contrepartie du « service » que les parents pourraient attendre, ce n'est plus que leurs enfants trouvent leur place, leurs intérêts et leurs satisfactions à se plier aux apprentissages exigés d'eux. Il s'agit qu'ils expérimentent leur autonomie et s'engagent suivant leur propre désir, dans leurs projets professionnels comme dans leur vie affective, pour s'incrire dans la société. Or, ce que le « service » des parents vise leur échappe logiquement. Ce qui anime leurs enfants se révèle étranger à eux. Ils sont contraints de les reconnaître différents de ce qu'ils imaginaient, et se trouvent amenés à réviser régulièrement leur jugement.

Ce parcours des adolescents rappelle aussi aux parents que ce qui est en jeu dans leur propre désir leur échappe tout autant. Leurs enfants ont sans doute été initialement le fruit de ce désir. Le métier de parents et les exigences de l'éducation ont fait de ce « service », au fil des ans, un écran à ce qui situait initialement leurs enfants comme une conséquence de leur amour. Ce « service » s'est mis à imposer ses propres exigences, dans les soucis de l'éducation, des apprentissages et des perspectives d'avenir. Du coup, les parents ont perdu de vue comment leurs enfants restent, au fond, directement liés à leurs désirs.

L'adolescence constitue donc pour les parents un temps où ils se trouvent travaillés, à leur corps défendant, par les avancées de leurs enfants. Ils passent du « métier » au « travail » de parents, et retrouvent la question de leur propre désir. La référence au travail est riche de sens si nous la rapportons aux autres conditions où ce terme est utilisé : le travail est lié au passage par une forme de souffrance pour déboucher sur un acte de créativité, comme le travail de l'accouchement ou le travail de deuil qui se conclut par la reprise des initiatives et des envies de la vie quotidienne.

Il ne s'agit pas ici de verser dans le masochisme ou le dolorisme. Mais chaque fois que l'on se trouve confronté à des questions personnelles dont on a auparavant tenté d'éviter les exigences, il en résulte un désagrément, un embarras, si ce n'est une souffrance. Ceux-ci ne sont pas pour autant des signes de maladie. Ils sont l'effet, en chacun, des conséquences logiques de son évitement initial et le témoignage de la remise en jeu de ces questions. C'est une expérience commune. Pour les parents, cette remise en jeu se fait à partir de questions posées par leur enfant, donc d'une place radicalement distincte. D'où une difficulté à différencier les questions et à se réapproprier les leurs. Et pas seulement leurs questions de parents, de père ou de mère, mais aussi celles liées à leur subjectivité, à leur place distincte d'homme ou de femme.

C'est sur cette exigence, sur ce « travail » et la manière dont il se manifeste que nous souhaiterions axer ces lignes. Nous allons préciser leurs limites.

Tout d'abord, elles ne cherchent pas à exposer des situations exemplaires. Celles qui servent d'illustrations sont utilisées pour rendre plus abordables et plus vivantes les réflexions développées par ailleurs. Elles montrent aussi des biais par lesquels des parents parviennent à résoudre des situations difficiles, à condition de ne pas se fermer aux problèmes ainsi mis en évidence.

Les situations difficiles imposent, sous une forme inattendue, le surgissement de questions qui n'arrivent pas à se manifester autrement. Ces questions, très présentes, se révèlent impossibles à éluder. Leur surgissement met en cause de manière désagréable ce que les parents pensent de leur enfant, ce qu'ils en espèrent, et leurs certitudes d'alors sur leur façon d'exercer leur parentalité. Ils s'appuyaient auparavant sur une forme de savoir qui se révèle inadaptée, car ce qui fait vivre leurs enfants à l'adolescence échappe à ce qu'ils supposaient connaître d'eux.

> « Il y a des choses
> qu'on peut pas expliquer...
> parce qu'il n'y a pas de mots
> qui les définissent [3]. »

3. Madeleine Natanson, *Des adolescents se disent.*

L'un des risques actuels est qu'une avidité de savoir se substitue, pour des parents en difficulté, aux exigences et aux interrogations introduites par l'adolescence de leur enfant. La vulgarisation du savoir et sa médiatisation – notamment en ce qui concerne la psychanalyse – risquent de nourrir et d'alimenter l'illusion de solutions toutes faites ou de « trucs ». Pour que cet écrit puisse être utile, il est important de ne pas le prendre à la lettre ! Il ne permettra à aucun parent de faire l'économie de réflexions et d'un travail sur lui-même quand ceux-ci s'avèrent nécessaires. Il vise essentiellement à faire saisir comment des impasses et certaines situations difficiles de l'adolescence ne sont telles, que parce que les questions posées par le sujet le sont de manière inadaptée. Le métier de parents pourrait être alors de repérer de telles impasses et d'avoir à l'esprit qu'il est possible de s'en dégager, à condition de donner droit de cité aux questions qui se manifestent ainsi. Quant à permettre un tel dégagement, c'est une autre affaire : notre propos soulignera des axes et des pistes qui pourront servir de repères.

Par ailleurs, j'ai pris le parti dans les pages qui suivent de désigner de « psychanalyste » la place où je me trouve interpellé par des adolescents et leurs familles, quelles que soient leurs démarches. Ceci, plutôt que de multiplier des termes approximatifs comme psychothérapeute, thérapeute ou autres, qui risquent de maintenir un flou sur les références considérées.

CHAPITRE PREMIER

L'adolescence est une notion récente

L'adolescence dérange et déroute par ses manifestations. Elle met en difficulté ceux qui en sont témoins, souvent démunis et privés de toute clef pour en saisir la portée. Il y a à ceci plusieurs raisons que nous nous efforcerons de préciser plus loin. Mais nous pouvons déjà en mentionner une.

L'adolescence est un temps de passage, dont les caractéristiques tiennent à l'évolution de notre société. Celle-ci se montre souvent réticente à prendre en compte les troubles qui s'y manifestent, puisque ceux-ci risquent de dévoiler et de dénoncer ses propres travers. Il est donc intéressant, en un premier temps, de nous arrêter sur le concept d'adolescence dans l'histoire du monde moderne. Etre attentifs à l'évolution de cette notion, comme fait de société, nous éclaire sur l'évolution des modes de relations entretenues entre ses membres.

« Moi, je rêve tout le temps,
je suis tout le temps dans les nuages.
Quelquefois je ne suis pas sur terre,
parce que ça ne me plaît pas du tout [1]. »

Sous l'ancien Régime

Ce terme et la désignation d'adolescent/adolescente sont d'un usage récent. Le terme d'adolescent n'est pas utilisé sous l'ancien Régime, avant 1789, autrement que comme participe présent du verbe *adolescere*, « celui qui grandit ». Le terme « jeunesse », qui est préféré, désigne les pubères, ceux qui ne sont pas encore mariés. Le mariage marque donc l'émancipation et l'entrée dans l'âge adulte.

L'évolution de la « jeunesse » vers « l'adolescence » va de pair avec le déclin de l'autorité paternelle et de la transmission patrimoniale, du fait des influences de la Révolution francaise, de la révolution industrielle et du développement de la consommation.

Dans l'ancien Régime, conformément au droit romain, les coutumes autorisent le mariage dès 12 ans pour les filles, dès 14 ans pour les garçons, ce qui correspond aux premiers signes de la puberté. Ce seuil fixe la mise en place d'une responsabilité. La majorité du roi

1. Madeleine Natanson, *Des adolescents se disent.*

lui permet de gouverner. Des mariages précoces peuvent être conclus, qui assurent l'avenir dynastique, la transmission du patrimoine ou une alliance avantageuse.

Dans le milieu rural, l'éducation tend à la pérennité des mêmes conditions de vie, sans réel souci d'ascension sociale. Elle vise à plier le jeune homme aux exigences de la terre qui règlent les nécessités de survie de la famille, et la jeune fille à s'inscrire dans une perspective de reproduction. Dans l'aristocratie, la formation se fait en dehors de la famille, soit en envoyant le jeune servir de page ou de fille d'honneur chez le suzerain, soit par le biais d'un précepteur pour les plus fortunés, ou d'un pensionnat pour les moins riches. La grande bourgeoisie suit cet exemple. L'autorité de l'enseignement et de l'éducation est déplacée sur un membre extérieur à la famille. Dans le domaine moral, où l'influence de l'Eglise se fait plus marquée, le confesseur devient le directeur de conscience et sert de repère dans les crises de « l'âge ingrat ».

Pour certains, leurs racines aristocratiques les insèrent dans une lignée, et dans des exigences qui les dépassent. Pour d'autres, la transmission du patrimoine commande. En tout état de cause, la responsabilité, la gestion et l'autorité morale relèvent du père, dont le pouvoir tient son assise du droit romain. Il en résulte un certain despotisme qui se traduit dans des abus de pouvoir. Les coutumes fixent alors une majorité légale au-delà de laquelle le jeune peut disposer de lui-même, se marier sans autorisation, quitter la maison de son père, disposer de certains biens. Cette majorité, déjà bien tardive – 25 ans pour les filles, 30 ans pour les garçons – peut être encore différée et dépend du bon vouloir des pères. De même il existe un droit d'aînesse, qui transmet au seul aîné de la famille l'ensemble du patrimoine pour en éviter l'éparpillement. Toutes ces mesures génèrent des rivalités, des jalousies, des conflits.

De la jeunesse à l'adolescence

Un biais pour échapper à ce despotisme est le mariage. L'état civil n'existant pas, seule l'union religieuse est prise en compte et indissoluble. Les jeunes époux, profitant de la complicité d'un prêtre, créent, en se mariant à l'insu des parents et sans leur consentement, une situation nouvelle et irrémédiable dans l'émancipation sexuelle et sociale. Ils en attendent une reconnaissance secondaire de leur famille et une émancipation économique, ce qui n'est pas toujours le cas.

Le théâtre de Molière en témoigne ; Valère dit à Elise :

> « *Nous nous sommes promis une foi mutuelle, et avons fait serment de ne nous point abandonner... Oui, nous nous sommes engagés d'être l'un à l'autre à jamais... Rien que la mort ne nous peut séparer*[2]. »

Cette initiative audacieuse fait dire à Harpagon :

> « *Ah ! fille scélérate ! fille indigne d'un père comme moi ! c'est ainsi que tu pratiques les leçons que je t'ai données ? Tu te laisses prendre d'amour pour un voleur infâme, et tu lui engages ta foi sans mon consentement ? Mais vous serez trompés l'un et l'autre.*

2. Molière, *L'avare*, acte V, scène 3.

A Elise : *Quatre bonnes murailles me répondront de ta conduite.*

A Valère : *Et une bonne potence me fera raison de ton audace.* »

Par ce biais s'introduit dans la société une valeur nouvelle, qui modifie les relations familiales ou du moins les idées qu'on s'en fait, et qui est l'amour. *Le jeu de l'amour et du hasard* de Marivaux explicite cet affranchissement autorisé par l'amour. Dorante confie à Silvia :

> « *Je t'adore, je te respecte ; il n'est ni rang, ni naissance, ni fortune qui ne disparaisse devant une âme comme la tienne. J'aurais honte que mon orgueil tînt encore contre toi, et mon cœur et ma main t'appartiennent*[3]. »

L'amour devient alors référence à double titre. Tout d'abord dans la référence à ce que le père aime ses enfants et ne se comporte plus seulement en maître. Forts de cette représentation et dans une visée de s'attacher la jeunesse, les législateurs révolutionnaires modifient la loi. Ils abaissent l'âge de la majorité à 21 ans[4], décrètent que le partage des biens doit être égal entre tous les enfants, et fixent des limites au droit de correction paternelle. Mais le code civil de 1804 maintient la famille comme une institution qui reste sous l'autorité du chef de famille. L'amour se transforme aussi dans son appréhen-

3. Marivaux, *Le jeu de l'amour et du hasard*, acte III, scène 8.
4. 21 ans correspond au triplement du nombre sacré 7, 14, 21, dans la présomption d'une sagesse croissante.

sion sociale. Il ne s'agit plus d'une fatalité qui s'abat sur des êtres d'exception, il ne se trouve plus distinct du désir sexuel et du jeu d'alliances qui présidait au mariage. Il n'est plus marqué de l'illégitimité que professait l'Eglise en dehors de l'amour divin : il devient une valeur, une aspiration individuelle.

Mais la sensibilité Romantique fait progressivement pencher l'amour vers le sentiment et exclut du même coup la sexualité. La culture du cœur met à distance les exigences du corps. En retour, le corps délaissé s'exprime dans des manifestations maladives diverses. A cette époque fleurissent les termes médicaux qui constatent les déformations du corps, tels « scoliose », « syphose », « lordose ». On assiste à l'extension des maladies qui mettent en avant le corps exclu comme la phtisie, qui touche deux fois plus les filles que les garçons. A ce titre, la maladie devient un des facteurs de l'impossibilité de l'amour romantique. L'importance de l'hystérie, comme un langage du corps, est une autre manifestation de cette exclusion.

Parallèlement, un élément essentiel du XIXe siècle est le déclin de l'autorité du père. La révolution industrielle, qui fait disparaître les petites entreprises familiales, conduit le père à s'éloigner de son lieu pour faire vivre sa famille. Les effets de son travail sont moins patents et moins visibles. Il perd le prestige de son efficience. De même la portée du patrimoine se fait moindre. Pour un jeune homme, l'assise sociale tient à la réussite liée à un savoir qui échappe à l'emprise paternelle. L'Etat assume progressivement des fonctions qui relevaient jusqu'alors de la responsabilité de la famille, des fonctions éducatives, alimentaires, sanitaires. Ce qui a pour effet de décharger le père de la responsabilité, mais aussi de l'autorité qu'il tirait de ces charges. De ce fait, les contestations de l'autorité se déplacent dans des affrontements aux institutions.

Pour toutes ces raisons, le lien au père se modifie. Le nombre d'enfants plus restreint individualise ce rapport, qui se teinte d'affectivité, humanisant une instance paternelle qui s'incarne dans une figure défaillante. Ce sont les défaillances de celui qui représente l'instance paternelle – et non plus son despotisme – qui sont dès lors dénoncées, comme les sources d'injustices dont souffrent les enfants. La généralisation du service militaire, dès qu'il est partagé par une même classe d'âge, instaure un nouveau rite de passage au terme du temps de la jeunesse. Il est souvent l'occasion d'expériences initiatiques de la sexualité. L'adolescence, qui commence à être identifiée en tant que telle, devient l'objet d'investigations scientifiques, à la fois pour comprendre et tenter de maîtriser la délinquance juvénile qui se développe dans les grandes villes, et pour traiter l'échec scolaire.

Le monde moderne

Au XXe siècle, la scolarisation prolongée, liée à la spécialisation exigée par l'appareil de production, et le développement des mouvements de jeunesse cadrent et définissent de plus en plus ce que serait l'adolescence. La productivité industrielle et la logique capitaliste où elle s'insère conduisent au développement considérable de la consommation. L'adolescence devient une cible de choix.

Les offres spécifiques qui lui sont adressées procurent artificiellement des signes d'identité à une tranche d'âge incertaine dans ce domaine. Ce sont des signes généralement liés à une image dont l'adolescent devient le porteur et auxquels il s'identifie. Certaines marques de vêtements s'imposent à lui au prix de publicités parfois provocantes ; la publicité lui vante la culture de son apparence, support d'une identification à sa génération (boissons, rollers, balladeurs, etc.). Les enjeux de masse, comme les rassemblements musicaux ou sportifs, sont utilisés dans ce sens. On y constate l'absence de toute éthique en contrepartie des enjeux économiques engagés. L'exhibition récente qu'une marque sportive a pu faire de ses produits en les associant à des sigles de l'idéologie nazie en est un exemple. Il s'agit là de manipulations avérées. Cette utilisation des élans de l'adolescence risque de les réduire à l'appropriation fétichiste [5] d'un objet de consommation.

Enfin, la vulgarisation de la psychanalyse est venue, en réaction au puritanisme du XIXe siècle, lever les tabous concernant la sexualité, tout d'abord pour la génération de ceux qui sont parents actuellement puis, différemment, pour les adolescents du moment. Ce qui explique, en partie, que les questions qui touchent à l'articulation de la jouissance [6] et de la mort se posent autrement, parfois plus crûment, en acte ou sur un mode d'exhibition.

5. Le fétichisme est une forme d'idolâtrie : on voue un véritable culte, un amour effréné à un objet, à une partie du corps.

6. En psychanalyse, la jouissance désigne une recherche de plaisir qui nécessite de se référer à l'interdit, faute de quoi elle est en opposition ou en transgression de la loi.

CHAPITRE II

L'adolescence et ses symptômes

Nous voyons donc se dégager deux grands mouvements convergents sur lesquels nous reviendrons : l'instance paternelle s'est trouvée progressivement réduite à une figure souvent défaillante. Dans notre monde actuel, elle est l'objet de disqualifications, sans qu'aucune autre instance [1] ne permette une telle référence symbolique ; d'autre part, l'influence de l'économie ne cesse de grandir. La recherche d'appropriation des objets est exacerbée par la fascination qu'exercent sur chacun les retombées des succès de la science dans les techniques utilisées dans le quotidien.

Tout ceci prive l'individu d'une instance symbolique qui serve de référence à la responsabilité de chacun, et qui puisse rappeler que ce après quoi il court dans la vie est insaisissable. La difficulté est que la vanité du désir

1. L'instance paternelle, c'est l'aspect structurant, dans nos cultures occidentales, de la référence au père. Le père en tant qu'instance tierce est une autre dimension, symbolique, que le père réel.

qui anime tout être – *Vanitas, vanitatum*, dit l'Ecclésiaste, « Tout n'est que vanité » – se découvre souvent dans la déception, la désillusion, la chute, qui se manifestent au terme de sa quête. Il ne s'agit pas de s'en protéger en se gardant de toute envie, de tout élan, de tout désir, mais plutôt d'en tenir compte au terme du mouvement qui anime chacun. Car ce qui se révèle alors fournit l'intuition de ce qu'est le désir. Les adolescents, qui sont en un temps de franchissement, d'engagement et de changement vital, y sont particulièrement sensibles.

Les points de souffrance de l'adolescence se situent souvent dans une expérience de contradiction entre la dimension symbolique[2] réintroduite par la référence au désir sexuel – où ce que l'adolescent vise dans le désir est insaisissable –, et la logique d'une économie où ce qu'il cherche serait accessible à condition d'y mettre le prix. L'émergence du désir sexuel fait découvrir à l'adolescent que ce qu'il obtient n'est jamais ce qu'il cherche ; ce n'est « jamais ça ». Soit il supporte cette contradiction, soit il la manifeste dans ses liens avec ses parents, avec l'école ou le corps social.

Les symptômes, la souffrance à l'adolescence qui conduisent à faire appel à un psychanalyste correspondent à une tentative de faire valoir la subjectivité et le désir, en dépit des limites, des freins, voire des refus liés aux défenses névrotiques de chacun, aux manifestations des proches de l'adolescent, ou aux exigences de l'im-

2. La dimension symbolique introduit en fait la question du manque, de l'impossibilité de tout saisir et de tout s'approprier.

pératif social. Car l'écoute du désir induit une expérience d'incertitude et de manque intérieur qui mène le sujet à des périodes d'embarras ou de désarroi plus ou moins intenses. Soit l'adolescent a la possibilité de prendre en compte cette dimension de lui-même, soit il l'écarte par ses défenses névrotiques. Ou bien, pour éviter cette expérience exigeante, il mobilise ses proches, parents, famille, entourage social qui y participent à leur corps défendant ou de leur propre chef, dans une complicité de réaction.

> « Moi, ça fait pas mal de temps
> que je cherche
> et je n'ai pas vraiment fini de chercher.
> Je cherche dans tous les styles,
> dans tous les horizons,
> dans tous les genres de personnes [3]. »

Quand la contradiction se présente de manière inextricable, elle s'exprime par un biais détourné, par un aspect déconcertant, inattendu, qui contient une dimension d'appel. Nous avons privilégié dans ces lignes trois modes de sollicitation qui se font au dépend de la parole : ce sont l'opposition, la mise en acte et l'exhibition de signes d'identité.

3. Madeleine Natanson, *Des adolescents se disent.*

« Notre jeunesse est mal élevée, elle se moque de l'autorité, n'a aucune espèce de respect pour les anciens... Nos enfants d'aujourd'hui ne se lèvent pas quand un vieillard entre dans une pièce, ils répondent à leurs parents et bavardent au lieu de travailler[4]. »

Je m'oppose, donc je suis

L'opposition est une manifestation à la fois banale et fréquente. Quand elle s'exprime sur un mode exacerbé, elle est le nœud d'une multitude d'impasses. L'éventail, large, va des petites oppositions quotidiennes au refus massif, concernant des choix dont les conséquences semblent particulièrement graves. Cette opposition a des portées différentes suivant le lieu où elle s'exerce.

Sur le terrain commun de l'espace familial, il s'agit de prises de position à l'égard des usages. L'adolescent remet en cause les horaires des repas, les habitudes alimentaires. Les parents se plaignent : « Elle ne mange plus rien, les plats dont elle était si gourmande la laissent indifférente. » Ou bien : « Aux repas, il est toujours le dernier, il se goinfre, sans respect pour les autres et quitte la table avant la fin. » Son habillement peut heurter les parents : « Elle, si mignonne jusqu'alors, est arrangée comme l'as de pique ; elle a coupé ses si beaux cheveux, elle traîne en tunique informe et en jeans. » Ou bien c'est le bruit, ou d'autres manifestations exubérantes qui deviennent

4. Phrase attribuée à Socrate par Platon dans *Apologie de Socrate.* Ce dernier (470-399 avant J.-C.) fut condamné à boire de la cigüe après avoir été accusé de corrompre la jeunesse.

sources de tensions. Ces prises de position, limitées dans leurs conséquences pour la famille, ont une extrême importance pour l'adolescent. Par là, il teste ses capacités d'autonomie et voit si elles sont reconnues par son entourage.

> *« Je connaissais le geste pour rester vivant*
> *Secouer la tête*
> *Pour dire non*
> *Pour ne pas laisser entrer les idées des gens*[5]. »

La marge de manœuvre s'avère souvent étroite pour les parents, entre se plier aux exigences parfois tyranniques de l'adolescent et refuser à tout prix de reconnaître ces désirs d'autonomie. D'emblée, certaines de leurs initiatives sont perçues comme des prises de position cassantes :

> *« Sa dernière invention, c'est de me faire aller chez le coiffeur. [...] Elle a déja choisi le bourreau, c'est un coiffeur affreux, une toute petite échoppe sans grands miroirs, sans infrarouges et tout le folklore. [...]*
>
> *De toute façon, je veux garder mes cheveux longs, on n'est pas à la Libération, et puis je n'ai couché avec personne*[6]. »

Pareil enjeu se retrouve sur le territoire de l'adolescent : sa chambre. Qui ne connaît le désespoir des

5. Jacques Prévert, « Maintenant j'ai grandi », *La pluie et le beau temps.*
6. Béatrice Hammer, *La princesse japonaise.*

parents à l'égard du désordre parfois monumental de la chambre, et l'exacerbation des échanges qui en résultent ! Il s'agit là de la revendication d'un espace personnel qui soit respecté par les parents.

> *« Elle fouille toujours dans mes affaires. Ça se voit, elle laisse des traces, je crois bien qu'elle le fait exprès. Même quand je sors de ma chambre pour pas longtemps, je cache ce cahier sous le plancher, il y a une latte qui est défaite. Elle ne m'aura pas une deuxième fois*[7]. »

Il y a, enfin, le domaine où se manifeste plus clairement le désir des parents à l'égard de l'adolescent : les études et les projets qu'ils ont envisagés pour lui. Ici l'idéal et les rêves des parents sont directement questionnés et mis en cause. Il est important de ne pas rester prisonniers de cette opposition significative. On voit bien comment, dans cette contestation exprimée par le jeune, s'intriquent ses initiatives et la façon dont elles sont reçues, acceptées ou non par son entourage.

S'opposer quand on n'a pas de place

S'opposer à l'autre se manifeste comme une des seules possibilités de « se faire entendre » quand on est tributaire de l'image, du projet, du désir des autres, notamment des parents. L'adolescence est un temps qui surprend d'abord celui qui s'y engage. Ce qu'il fait valoir de ses projets tranche avec la représentation que les autres ont de lui, avec ce que les autres pensent de lui.

7. *Op. cit.*

> « *Toujours, pendant leurs disputes à mon sujet, je suis gênée, comme s'ils ne parlaient pas de moi mais d'une autre Anne, la bonne petite fille à ses parents*[8] ... »

Cet écart renforce l'incertitude vis-à-vis de soi-même, vis-à-vis de l'avenir, des choix et engagements à prendre, et vis-à-vis de ceux qui peuvent aider à fouiller ces interrogations. Il implique aussi de faire le deuil des illusions et des idéaux perdus.

La difficulté d'un tel mouvement prend de l'ampleur quand les projets de l'adolescent surprennent les parents, les désarçonnent. Ils se saisissent alors du risque réel supposé pour justifier leur position de réserve et de refus. Or, si le risque peut avoir des traits réels – ce peut être le risque d'une sortie tardive, d'une mauvaise fréquentation, d'un choix de vie ou de profession paraissant inadapté, etc. –, il est souvent un prétexte où se cristallisent les inquiétudes personnelles des parents, leurs inquiétudes imaginaires, fantasmatiques, liées à leur perception de leur enfant. Fréquemment, ce type de confusion survient dans des liens familiaux où les enfants se sentent depuis longtemps coincés par ce que leurs parents attendent d'eux sans égard pour ce qu'ils sont. Leur opposition s'affirme de manière d'autant plus marquée et tranchée.

> « *J'ai toujours vu ma mère faire chaque jour l'avenir de ses enfants et le sien. Un jour, elle n'a plus été à même d'en faire de grandioses pour ses fils, alors elle*

8. Annie Ernaux, *La honte.*

en a fait d'autres, des avenirs de bouts de ficelle, mais de la sorte, ils remplissaient leur fonction, ils bouchaient le temps devant soi[9]. »

Il importe de repérer tout de suite sur quoi se cristallise l'opposition de l'adolescent, si l'on veut désamorcer l'affrontement. Mais le prétexte qu'il trouve est à la fois si ancien et si familier à tous les membres de la famille qu'il peut passer inaperçu. On voit ici l'une des raisons de l'aveuglement rencontré dans certaines situations familiales, et la nécessité de faire appel à un tiers extérieur qui permette de prendre un certain recul. Dès qu'une marge de manœuvre, un espace pour se démarquer, « un peu d'air » sont aménagés pour l'adolescent, il reprend à son compte ce à quoi il s'opposait jusqu'alors : les traits de l'idéal familial. L'opposition se joue ainsi souvent sur l'idéal du parent à l'égard de l'adolescent. Par exemple, le refus scolaire survient alors que le père ou la mère est enseignant ; un malaise physique ou une maladie fonctionnelle touche un adolescent dont l'un des parents est médecin. Ces symptômes témoignent d'une révolte à se trouver réduit à être l'objet du parent. Le symptôme se constitue dans le domaine où l'enfant se trouve investi, parce que la manière dont on rêve à sa place ne lui permet pas de se sentir reconnu. C'est une raison fréquente d'opposition et de refus.

L'exemple d'Alexandre illustre bien tout cela : Alexandre, 16 ans, est fils unique. Il vient me voir avec

9. Marguerite Duras, *L'amant.*

ses parents après des tentatives de suicide répétées qui témoignent de son grand désarroi. Ses parents ont l'impression d'avoir multiplié les efforts pour le comprendre. Sans grand effet. Ils sont complètement déboussolés. Alexandre est un enfant adopté depuis l'âge de trois mois. De ce fait, il est un enfant du « don », pris dans l'idéal des parents, à la différence de l'enfant naturel qui est un enfant du manque, marqué des limites inhérentes à la sexualité humaine. Les parents, tous deux médecins, ont toujours été très attentifs à lui. Alexandre présente depuis longtemps des difficultés scolaires. Son opposition aux études et à ses parents est ancienne, mais négligée par ces derniers en tant qu'opposition. Par exemple, Alexandre ne rapporte plus son livret scolaire depuis un an. Plutôt que de voir dans son attitude un refus, ses parents ont obtenu du directeur de l'école qu'il leur transmette la photocopie des bulletins de leur fils. Ce stratagème, qui a pour effet d'éviter tout affrontement, annule et efface le refus d'Alexandre.

En Seconde, celui-ci déclare brutalement au mois de février qu'il ne veut plus aller en classe. Il renonce à ses études secondaires, veut devenir *barman* ! Effarement des parents, qui s'opposent à un tel projet. Cet affrontement survient après quelques entretiens où j'ai pu rencontrer Alexandre. Dans ce projet d'être *barman*, la détermination du garçon, son assurance et sa motivation tranchent avec le désarroi et l'incertitude passés. Les parents décident, après que nous en avons discuté ensemble, d'accorder du temps à Alexandre : il bénéficie de quinze jours « d'arrêt scolaire » pour préciser ses projets et voir comment les réaliser. Cette liberté consentie par les parents – en tremblant intérieurement car c'est là l'effondrement de leurs espoirs secrets – permet à Alexandre de trouver, après quelques tâtonnements, un lieu de formation qui permet, par un jeu complexe d'équivalence, de retrouver un cycle général et le baccalauréat. Des stages de *barman*, puis dans l'hôtellerie lui permettent d'expérimenter ses choix. Il choisit de reprendre une formation générale, réussit son bac après quelques aléas, avant de poursuivre avec succès des études supérieures... dans la filière de son père.

Ce détour me semble exemplaire – à la réserve près qu'Alexandre reprend le parcours de son père, ce qui est une limite à son avancée –, car il illustre ce qui fait bien souvent le nœud de l'opposition. Dans la période précédant l'adolescence, le moteur des progrès pour l'enfant est en grande partie lié à l'acceptation de ce que veulent ses parents pour lui, à son adhésion à leurs rêves inassouvis :

> « [Il] aura la vie meilleure que ses parents... Il accomplira les rêves de désir que ses parents n'ont pas mis à l'exécution [10]... »

L'adolescence et l'accès au monde adulte conduisent chacun, même s'il reste influencé par cet idéal, à l'articuler, à le replacer par rapport à son désir et à sa subjectivité. Si ce n'est pas le cas, seuls l'opposition,

10. Sigmund Freud, « Pour introduire le narcissisme », *La vie sexuelle*.

l'affrontement et l'agressivité protègent l'adolescent d'être confondu avec ses parents qui, imposant leurs propres idéaux, semblent le réduire à eux-mêmes, sans égard pour son individualité. Il risque de se supposer confondu à eux.

A l'adolescence, Alexandre s'est trouvé sous le poids de tout ce que ses parents lui avaient « donné » pour son bien, prisonnier de leurs bonnes volontés et devant à tout prix satisfaire leurs attentes. De ce fait, ses velléités d'autonomie, ses prises de position n'ont pu se manifester, qu'à son insu, dans l'échec scolaire, puis sur le mode de l'opposition dans le refus scolaire. Celui-ci n'a pas été reconnu dans sa portée et sa gravité ; au contraire, il a été banalisé et annulé.

Bien entendu, le refus scolaire, comme situation d'opposition, trouve souvent des issues plus simples à partir du moment où les parents parviennent à reconnaître ce qui se joue dans ce refus.

Dire non pour se situer

Dans le fond, cette opposition révèle l'impossibilité pour l'adolescent de faire valoir ce qu'il désire en se dégageant des souhaits de ses parents. L'une des manières de marquer son individualité serait la négation. Dans la difficulté qu'un adolescent rencontre à formuler son désir, à saisir ce qu'il souhaite, il en vient souvent à s'appuyer sur les repères des parents pour se situer. Dans la négation. « Je ne veux pas ceci », « Je ne veux plus cela ». La négation permet de se dégager d'un repère, dont on tient compte puisqu'on le mentionne. Fréquemment, l'adolescent déclare à ses parents qu'il refuse d'exercer le même métier que l'un d'eux, ou celui auquel ils le destinaient.

Dans ce cas, soit les parents entendent cette affirmation comme une prise de position parmi d'autres, et l'accueillent comme l'un des nombreux tâtonnements de leur enfant pour trouver sa voie ; soit ils y voient une attaque ou une critique personnelle, se sentent blessés et refusent de tenir compte de cette énonciation. Dans ce cas, ils acculent leur enfant à un affrontement stérile et à l'opposition.

Parfois l'adolescent prend le contrepied par la négation du désir de ses parents, afin de les manipuler et de réaliser ce qu'il souhaite. C'est une pratique fréquente. Forcée par sa mère à couper ses cheveux et opposée à cette idée, une jeune fille peut demander son avis à son père, ignorant tout des tractations entre les deux femmes. Elle va entendre : « Quelle idée saugrenue ! Mais non, tu es jolie comme ça : je t'interdis de toucher à tes cheveux ! »

Si l'adolescent formule aux parents : « Je ne veux pas ceci... », il exprime à sa manière : « Je sais que ceci est important pour vous, mais je m'autorise à penser autrement, c'est-à-dire "pas" comme ceci ». S'ils ont à l'esprit la portée réelle de cette négation, une telle prise de position peut être acceptable par les parents.

Mais le désir de l'adolescent se manifeste souvent en acte. Soit, comme nous l'avons vu dans l'exemple d'Alexandre, parce que la non-reconnaissance de ses propos l'y contraint, soit pour des raisons inhérentes à la structure même du désir, comme nous le verrons dans les pages suivantes. En tout cas, la vivacité des échanges verbaux rend difficile l'analyse du conflit. L'opposition directe, l'affrontement parfois violent désamorcent ce type de réflexion, rendent impossible la prise de recul et la distance nécessaires. Garder à l'esprit que dire non, puis « contrer » peuvent être pour l'adolescent une manière de « prendre position » permet aux parents de ne pas rester prisonniers de l'affrontement. Et la simple prise en compte de ce qui est en jeu dans l'opposition a pour effet de dédramatiser et de désamorcer l'agressivité qui l'accompagne.

Le « test » permanent

Par l'opposition, le jeune teste la fiabilité de ses parents. La navigation de l'adolescence appelle de vérifier la solidité des balises que constituent les parents, et l'on constate le désarroi des adolescents quand ces balises font défaut. La dérobade parentale conduit l'adolescent à surenchérir dans l'opposition pour qu'à l'extrême, leur position s'affirme. Les parents sont souvent déconcertés par la gravité apparente, ou par l'exacerbation des manifestations de l'adolescent, qu'ils rapportent spontanément à son état de santé, alors qu'il s'agit plutôt des conséquences de leur propre manque de réaction. Si les adolescents sont travaillés par l'exigence de leurs désirs – qui justifie le sérieux de l'attention à leur porter –, ils ne peuvent assumer ceux-ci qu'en s'appuyant sur les repères et les limites que posent et tiennent les parents, et sur la fiabilité de ceux-ci. Sinon, l'opposition aux autres et le refus se substituent pour le sujet à l'expérience d'incertitude, de manque intérieur, voire de désarroi que génère parfois le désir.

Les mises en acte

Les parents sont aussi sollicités par la manière dont l'adolescent met en acte [11] ce qu'il désire. C'est un point délicat en raison de plusieurs difficultés :

– Les difficultés qui tiennent à la structure de cette mise en acte. On verra que l'acte, qui se fait au dépend de la parole, n'est pas un effet de « la mauvaise volonté » de l'adolescent.

– Les difficultés qui tiennent à certaines formes de mises en acte.

– Les difficultés liées aux précautions à tenir à l'égard de ces actes.

Ce qui fait le « pas » de l'adolescence, c'est la potentialité de mise en acte du désir, d'où le sérieux, voire l'inquiétude avec lesquels les parents prennent en compte ce qui est désormais en jeu et que l'adolescent appréhende à sa manière.

Ainsi une adolescente en vacances tente de saisir ce sérieux :

> « *J'ai essayé d'inventer des choses qui ressembleraient à un travail. Le réveil à neuf heures, retaper le lit, manger, dix heures, la poussière, dix heures et quart, réviser de l'anglais, une heure. Ça faisait toc, pas moyen de prendre au sérieux ces passe-temps, même les révisions avaient l'air gratuites, la rentrée n'était que dans deux mois. C'est sûrement les sous qui indiquent*

11. La mise en acte est une expression qui vient à la place de la parole.

> *qu'il s'agit d'un boulot, ou encore que ce soit utile. Ici ça ressemblait à un jeu de gosses, je jouais à l'élève de dans deux mois, à la bonne femme qui astique sa maison*[12]*...* »

Il s'agit pour chaque adolescent de lier son désir au fait « sexuel », alors qu'enfant, il lui était interdit d'accéder à ce registre. Il reprend à son compte la sexualité, se considérant comme le fruit d'une sexualité particulière, celle de ses parents. Le « pas » fait par chacun à l'adolescence, c'est de s'assumer à partir de la construction imaginaire de son fantasme, c'est-à-dire de la « mise en scène », élaborée dès l'enfance, d'un rapport imaginaire à l'instance parentale, une instance Autre qui l'a constitué. Pour l'adolescent, cette instance Autre recouvre l'ensemble de ce qui est dit de lui, de ce qu'on lui dit et qui constitue la trame, le tissu de paroles dans lequel il baigne depuis l'enfance. Un livre d'Annie Ernaux, *La honte*, illustre particulièrement ceci. La narratrice y développe les impératifs qui réglaient, dans son enfance, son rapport aux autres dans sa famille et la société où elle se trouvait : « Ne pas perdre la nourriture... être propre sans user trop d'eau... la semaine s'égrène en "jours de" définis par des usages collectifs et familiaux. Lundi, jour mort... Mardi, de la lessive... Mercredi, du marché. [...] Ne pas déranger les gens... ne pas leur faire affront... être bien avec les gens... »

12. Annie Ernaux, *Ce qu'ils disent ou rien.*

L'individualité de chacun s'efface dans un conformisme du « chez nous », où il s'agit « d'être comme tout le monde ». Le statut de commerçants des parents prive leur enfant d'intimité familiale. Le non-conformisme risque d'entraîner dans l'esprit des parents la désaffection du commerce : « Tu vas nous faire perdre des clients ». Tout ceci lui donne l'impression d'étouffer dans cette ambiance dictée par l'instance Autre. De ce fait, c'est dans le recours à la constitution d'un fantasme traumatisant, d'une scène violente entre ses parents dont elle serait témoin et qu'elle rapporte comme un souvenir, qu'elle se dégage de cette trame qui l'emprisonne. « Après... s'est interposé entre moi et tout ce que je vivais comme un filtre. Je jouais, je lisais comme d'habitude, mais je n'étais dans rien [13]. »

Désirer est lié pour chacun de nous au fantasme, à une mise en scène dans notre esprit et non à une parole. L'entourage de l'adolescent le sait bien, même à son insu, et le formule fréquemment ainsi : « S'il disait ce qu'il veut ! » ou « Si elle nous confiait ce dont elle a envie ! » Ces formules témoignent de l'impossibilité de « dire » l'objet du désir, puisque celui-ci est la conséquence du fait de parler.

Le fait que nous soyons des êtres de parole nous a imposé de passer par le détour du langage pour accéder à tout objet. Parler nous contraint à renoncer à un rapport direct et immédiat au monde. Chacun cherche une compensation à ce renoncement dans la construction qui figure son désir. Cette construction est comme un rêve.

13. Annie Ernaux, *La honte.*

Elle s'apparente à un scénario et figure une scène primitive, une scène originaire entre les parents dont le sujet serait le fruit. Désirer, c'est répéter pour soi un acte similaire à celui dont on imagine être issu, l'acte sexuel des parents. L'adolescent a désormais la possibilité d'avoir accès, comme agent, à l'acte sexuel qu'il imagine l'avoir constitué. L'identité de chacun se révèle dans la répétition de ce qui se joue, où il y a à la fois « le même » et « pas le même » acte. Le fantasme est plus large que le scénario sexuel. Pour chacun, cette construction psychique inscrit tout objet désiré dans une mise en scène de son lien à cet objet. Désirer tient en partie au rapport à ce fragment de rêve, à ce fantasme, et non à une parole. Cette dimension, Georges Rodenbach en rend compte ainsi : « Chaque homme n'aime que selon un type dont il porte en lui, dès l'origine, la [face] décalquée. C'est si vrai que quand il va aimer, son premier instinct est de dire : "Vous ressemblez à mon rêve[14]". » La mise en acte traduit, dans la répétition, ce qui est inscrit en nous comme fantasme. Se révèle ainsi ce fragment de rêve imprimé en nous.

La manière dont s'organise le désir se manifeste et s'impose au-delà du domaine sexuel : pour l'adolescent, elle touche tous les domaines de choix, de décision et d'engagement, par des difficultés du même type, par des problèmes de verbalisation ou d'énonciation. Du coup, les liens aux proches et aux parents sont marqués par cette difficulté de formulation, et donc d'entente.

Cette mise en acte – l'acte qui prend appui sur le rêve

14. Georges Rodenbach, *Bruges-la-Morte.*

et sur la trame du fantasme, et engage chacun dans ses choix – est nécessaire pour que puisse se manifester la nature du désir. Ce passage par la répétition « signifiante » s'impose pour que chacun fasse l'expérience de ce qui l'anime, et saisisse le type de réalisation où il se reconnaît le mieux. Ce genre d'expérience se fait souvent après coup, *a posteriori.* C'est en acceptant ses tâtonnements, ses maladresses et ses erreurs que chacun appréhende son désir. Il est fréquent que des adolescents, au terme de leurs études secondaires, aient besoin de temps, une année ou plus, pour savoir dans quelle voie s'orienter. Il s'agit, au seuil d'études supérieures où le désir parental s'estompe, de s'engager vraiment pour soi. Chacun fait successivement l'épreuve de son incertitude intérieure, de l'assurance de son désir au moment de sa décision, puis de la désillusion, de la déception, ou même du désarroi une fois qu'il a fait valoir ce qu'il souhaitait.

Si l'adolescent peut se reconnaître dans ses choix, ce n'est pas pour autant qu'il peut les énoncer à ses proches. D'où la difficulté des échanges. Dans la suite de ces lignes, nous allons repérer, tenir compte et être attentifs à certaines formes de mises en acte, qui sont d'un abord plus difficile parce qu'elles ont une dimension d'appel. Mais si elles ont cette portée d'appel, c'est qu'elles portent aussi l'espoir que celui à qui elles sont censées s'adresser « décode » ou « prenne en charge » ce que le sujet livre de lui-même. Elles justifient donc d'être appréhendées avec prudence.

« Pas d'envie »

Le manque d'envie, c'est l'inhibition. L'inhibition discrète, comme la timidité, se voit fréquemment chez les adolescents. Elle porte à conséquence et s'avère invalidante si elle est très forte. Elle se repère dans l'absence de projets, de souhaits, d'envies personnelles. C'est le « J'sais pas quoi faire... » de l'adolescent. L'inhibition marque une position de retrait par rapport à l'acte. Elle pourrait s'énoncer ainsi : « En moi, pas d'envie, pas de désir que je puisse manifester ». Etre inhibé, c'est rester en deçà d'un acte engageant qui risquerait de livrer aux autres, mais aussi à soi-même, une part de son identité méconnue.

Alexis vient me consulter sur les conseils de son patron. Il a 16 ans, et débute un apprentissage de charcutier. Il est l'aîné de sa famille. Ce garçon gentil, facile de contact avec les autres, n'a pas rencontré de difficulté particulière jusqu'à présent. Sauf peut-être une certaine timidité. Actuellement, dans son apprentissage professionnel, il est en contact avec la clientèle. Il doit apprendre à servir. Ceci le paralyse : il craint de se tromper, de perdre la face devant les clients, mais surtout d'encourir les foudres de son patron s'il se trompe. Or c'est là, il s'en rend bien compte, une crainte illusoire car son patron lui témoigne une grande gentillesse. Ce qu'il repère avec moi dans des entretiens successifs, c'est que cette réserve dans le domaine professionnel est l'aboutissement d'une attitude qui régit l'ensemble de sa vie. Son contact, plutôt facile et agréable avec les autres, masque en fait un comportement de retrait. Alexis craint les réactions de l'autre à ses initiatives et tout ce qui, dans ces réactions, viendrait témoigner qu'elles ont un certain poids. Il redoute d'assumer cette responsabilité, d'avoir à « répondre » devant les autres. Et ce, dans l'ensemble de ses rapports sociaux, au-delà de sa vie professionnelle.

L'inhibition témoigne d'une difficulté de l'enfant à se situer, à se penser et à prendre position vis-à-vis de l'instance que constituent ses parents. Elle maintient le sujet en deçà du désir, dans un appel inconscient à ce que son interlocuteur décide à sa place. Cette position de retrait vis-à-vis du désir induit que celui-ci puisse être suscité par une autre personne. En d'autres termes, il ne sert à rien de « forcer » quelqu'un d'inhibé : cela ne fait que renforcer son inhibition, c'est-à-dire son retrait. Il s'agit plutôt d'une véritable indication de rencontre de l'adolescent avec un psychanalyste – quelqu'un qui soit familier et attentif à ce qui structure sa propre identité – pour permettre à l'adolescent de « se lancer » ou se familiariser avec ses repères. Un adolescent, venu pour une inhibition très forte, résumait ainsi les entretiens que nous avions eus pendant deux ans : « Au fond, vous rencontrer, ça m'a permis de me familiariser avec les exigences de contact avec un adulte. »

Ce que je montre de mon désir, je ne veux rien en savoir

Par l'*acting-out*, il s'agit de faire valoir, de montrer un aspect inconscient de soi-même dont on ne veut rien connaître. A charge pour celui qui en est témoin, que l'on institue comme véritable instance Autre et non seulement comme personne, de « décoder » cette manifestation. Prenons un exemple, où se nouent l'inhibition et l'*acting-out*.

Frédéric, 17 ans, vient me consulter avec son père pour un échec scolaire et une inhibition intellectuelle. Il est en classe de Seconde. Ses parents, séparés, s'entendent relativement bien. Après quelques séances, son père, bouleversé, me téléphone. Son fils vient de lui voler du haschich dans sa cachette personnelle, ainsi que le revolver qui s'y trouvait ! Cet acte remet en cause toute la confiance qu'il lui avait donnée. Ce vol scandalise le père. Il est aussi très embarrassé de devoir me révéler, à cause de son fils, une part de sa vie privée. Il ne sait pas comment sévir à son égard et aborder les questions suscitées par Frédéric à travers ce vol. Ce qui est intéressant, c'est que cet adolescent inhibé s'est approprié la démarche de consultation initiée pour lui par son père auprès d'un psychanalyste, pour mettre en jeu ses interrogations et son désir. Par ce vol, il questionne son père sur l'objet de sa jouissance, et la manière dont celle-ci s'articule à la loi et à la mort. Le revolver, en toile de fond, laisse supposer combien la dimension de jouissance – figurée par le haschich – implique aussi un risque de mort. Il s'agit pour cet adolescent d'interroger, sans pouvoir le formuler en paroles. Ainsi, il évite de mettre directement en cause son père, qu'il respecte et sollicite pour se dégager d'une proximité pesante avec sa mère. Si Frédéric ne peut formuler son interrogation, il en témoigne indirectement.

Il est difficile de prendre en compte ces appels parce qu'ils sont « codés », à plusieurs titres. Celui qui manifeste un tel acte « montre » quelque chose de lui-même. C'est là le plus délicat pour l'entourage. Car ce qu'il montre, il ne le dit pas ; il l'exhibe. Cela ne peut être directement repris en parole, sous peine de devoir parler à sa place. Ce serait alors ne pas tenir compte des vraies difficultés de l'adolescent, qui lui interdisent de passer directement par la parole et, du coup, le mettre en danger si cet aspect exhibé de lui-même n'est pas respecté. Dans l'immédiat, il ne peut pas parler de ce qu'il montre.

> *« Le professeur considéra Luca avec un très léger étonnement, et puis répéta :*
> *– Vous avez entendu ? Asseyez-vous.*
> *Nouveau silence. Maintenant toute la classe regardait, avec une surprise pleine de curiosité. Le professeur regarda fixement Luca et ajouta d'une voix radoucie :*
> *– Vous avez quelque chose à dire ?*
> *– Je n'ai rien à dire, répondit Luca et, brusquement, il s'assit*[15]. »

L'exemple de Frédéric est explicite. Son interrogation porte sur le lien entre désir et plaisir, interdit et loi, et sur la fiabilité de ce qui lui sert de repère. Il « expose » sa demande à la manière d'un négatif photographique. La question de l'interdit est évoquée par le vol, celle du désir et de son objet par le haschich, celle de l'élan vital et de l'engagement par le revolver et la mort, à moins que ce ne soit par l'acte de vol même. Ceci posé, comment le lui faire percevoir ? Ne serait-ce pas trahir une des portées de son acte, puisque ces questions ne sont qu'évoquées ? Ne serait-ce pas risquer de dénoncer les défaillances de son père à l'égard desquelles il y a lieu

15. Alberto Moravia, *La désobéissance.*

d'être prudent, puisque Frédéric respecte et protège celui qu'il dénonce ? Le seul axe possible est d'encourager sa quête de repères fiables sur le désir, le plaisir et l'interdit. C'est-à-dire de lui proposer des entretiens réguliers avec un psychanalyste, familiarisé avec ce type de questionnement et de lien. Progressivement, au fil d'une telle démarche, le psychanalyste permet à l'adolescent d'aller plus avant, d'énoncer et d'expliciter ce qu'il ne peut formuler en une question au moment de son *acting out.*

Ce type d'acte a d'autres conséquences. Le sujet montre de lui-même quelque chose qu'il considère « étranger » ; inconsciemment, il ne veut rien en savoir. Dans cet écart, il fait l'expérience d'une certaine forme de son identité.

Ensuite, il importe de garder à l'esprit qu'il est impossible à des proches, des familiers, voire même des interlocuteurs spécialisés comme le médecin de famille ou un psychiatre sans formation analytique, d'intervenir directement pour permettre à l'adolescent de se réapproprier sur le moment ce qu'il montre ainsi d'étranger à lui-même. Si nous insistons sur ce point, c'est que cette position de réserve est délicate à respecter face à un tel appel. Mais toute réaction des proches à ce désarroi d'adolescent ne peut être qu'une réponse décalée. Elle réactive la dimension imaginaire du lien aux autres qui y est dénoncée, et efface l'exigence d'une instance tierce. De ce fait, cette réponse est vouée à l'échec et à la surenchère, et risque de mêler les propres difficultés des parents ou de l'intervenant aux questions de l'adolescent. On sollicite souvent l'analyste sur ce type de confusion, et ce qui pourrait sembler un constat d'impuissance de la part des parents à aider leur enfant est en fait une impossibilité, un fait lié à la structure même de ce type d'acte.

Aurélie, 18 ans, est l'aînée de trois sœurs ; elle poursuit ses études en Terminale. Ses parents sont séparés. Sa mère, chez qui elle vit, a un poste de responsabilité qui l'accapare. Un jour, Aurélie est retrouvée dans un état d'ivresse grave : les parents sont brutalement alertés sur l'état de leur fille. Ils tombent des nues. Les quelques jours d'hospitalisation qui suivent leur permettent de découvrir qu'Aurélie s'alcoolise depuis quatre ans. Elle profite des absences maternelles pour se servir dans les apéritifs, les vins, les alcools du bar familial. Tout cela à l'insu de sa mère, comme de ses deux sœurs dont elle s'occupe chaque soir avant le retour de cette dernière. Cette découverte bouleverse les parents de la jeune fille : elle les amène, chacun à leur place, à vouloir être plus attentifs à son égard. Après sa sortie de l'hôpital, l'adolescente débute des entretiens de psychanalyse. Petit à petit, dans le cadre de ce travail sur elle-même, la portée de son recours à l'alcool se fait jour. Sans doute correspond-il à un certain désarroi dans sa vie, mais il est surtout lié aux questions de sa féminité, qu'elle n'ose aborder directement avec sa mère débordée de travail et peu disponible. Ses ivresses répétées, qui ont pu tromper la vigilance de ses proches, font resurgir la figure de sa grand-mère maternelle, alcoolique, qui est la honte de la mère d'Aurélie. Celle-ci a éludé ses questions de femme en adoptant une position masculine, en devenant chef d'entreprise. Elle a laissé de côté toute une part d'elle-même que sa fille adolescente, par ses interrogations sur sa féminité, ne pouvait s'empêcher de vouloir susciter.

Rongée par ces idées obsédantes, Aurélie a trouvé dans l'alcool un certain soulagement. Mais cet acte d'alcoolisation, qui faisait réapparaître une figure féminine exclue, était son seul moyen d'interroger sa mère sur des questions impossibles à aborder. L'ivresse même n'est venue qu'au terme d'une longue période d'exhibition de son alcoolisation qui, parce qu'elle n'était pas remarquée, restait sans effet. L'ivresse d'Aurélie est un passage à l'acte.

« Je ne suis pas que cela »

Voilà bien une formule qui pourrait résumer le « passage à l'acte ». Elle témoigne, là encore, d'une impossibilité de l'adolescent à faire reconnaître son désir comme ses choix, ses projets. Il ne s'agit pas à proprement parler d'un appel car ce type d'acte trouve, souvent au terme d'une succession d'appels non entendus, une forme de réponse dans le désespoir. Si nous reprenons l'exemple d'Aurélie, le fait que son recours à l'alcool ne soit pas reconnu par ses proches comme un appel renforce son désarroi et sa solitude. Il la conduit à chercher l'ivresse, utilisant l'alcool comme une drogue, ce qui la conduit à l'hôpital. Il lui procure une forme de jouissance et efface toute conscience – conscience de ses questions, mais aussi de son subterfuge.

Cette interrogation sur l'identité par le passage à l'acte survient, le plus souvent, quand l'adolescent se trouve prisonnier de l'imaginaire de ses parents, l'objet de leurs fantasmes. Il peut tenter de s'extraire d'une telle situation paralysante par la fugue.

Jean-Christophe, âgé de 17 ans, fils unique d'une famille brillante, est en échec scolaire depuis plusieurs années. Il se dégage ainsi, à son insu, des attentes parentales. Des rencontres entre ses parents, les professeurs et le conseiller d'orientation, puis les conversations qui en découlent font penser au garçon que son souhait de devenir technicien de l'image va trouver grâce à leurs yeux. Le domaine de l'image le passionne. Pour la première fois, il ose livrer à ses parents le projet qui lui est cher, mais qui lui semble à mille lieux de leurs intérêts. Ceux-ci lui imposent une inscription dans une école privée ; ils exigent des résultats qui puissent rassurer leur amour-propre, en contrepartie de leur investissement financier. Jean-Christophe interprète la décision parentale comme une appropriation de ce qu'il livre de lui-même. Il y voit une trahison par rapport à son espoir de reconnaissance. Il fugue. Ses parents saisissent, après coup, les conséquences de leur décision.

Dans le passage à l'acte, l'adolescent manifeste : « Je ne suis pas que cela, je ne suis pas cet objet auquel l'autre me réduit. » Il se dégage de cette position en fuguant. Il fait alors l'expérience de son identité dans l'élan et l'écart qu'il constitue ainsi. On retrouve ceci dans des cas extrêmes, dans certaines tentatives de suicide – où le sujet se jette par la fenêtre, ou franchit le parapet d'un pont – ou dans des comportements similaires à celui d'Aurélie. On y situe aussi les fugues, certains accidents, où le parti pris de risque et de danger s'efface derrière la mise en jeu de l'identité. Ce sont des mises en acte délicates à aborder, puisqu'elles portent en elles-mêmes leur propre résolution, leur propre solution apparente.

Les facettes de l'identité

> *« "Tu trouves tout le monde bête !" C'est un reproche de maman. A la maison, je me trouve seul intelligent, il est vrai, mais je sais que je ne sais rien parce qu'on ne m'a rien appris. Mes maîtres, en dehors du rudiment, n'avaient rien à m'apprendre. Mes camarades l'emportent sur moi pour tout ce qui compte à leurs yeux. Ils me méprisent et ils ont raison de me mépriser : je ne pratique aucun sport ; je n'ai pas plus de force qu'un poulet. Je rougis quand ils parlent des filles et s'ils me passent des photos, détourne la tête. Pourtant certains me montrent de l'amitié, et même plus que de l'amitié.*
>
> *Ils savent ce qu'ils feront, ils ont déjà leur place. Mais moi ? Je ne sais pas ce que je suis*[16]. »

A l'adolescence, l'individu manie certains aspects et facettes de son identité pour s'affirmer. Mais ces maniements risquent d'être trompeurs pour les autres et pour lui-même. Rappelons les différents registres d'identification. Il peut s'agir de s'identifier à son désir (« Je veux enseigner »), à une figure vue comme idéale (« Je voudrais être chanteur, comme M.C. Solar »), ou de copier les caractéristiques d'un personnage adulé (la chevelure platine d'Ibrahim Ba ou le crâne rasé de Fabien Barthez). Pour l'adolescent, ces marques d'identité sont liées à l'élan de son désir. Elles peuvent cristalliser l'un de ses mouvements pulsionnels[17], ou refléter son attachement

16. François Mauriac, *Un adolescent d'autrefois.*
17. La pulsion est une tension d'origine corporelle cherchant un apaisement dans le recours à un objet.

à un objet fétichisé. Autant de marques qui s'apparentent à un véritable blason, et que l'adolescent brandit comme son identité dans ses liens avec autrui.

Caché derrière son « blason »

La mise en jeu incertaine de ce que l'adolescent désire le conduit à repérer, au fil de son avancée, des aspects de lui-même. L'adolescent se saisit de ses signes identitaires dans ses liens aux autres, y cherchant un élément qui le définisse, le caractérise et lui permette de sortir de l'incertitude. On pourrait dire que le sujet se fait représenter par ces caractéristiques. Toutefois, gardons-nous de le réduire à ces signes.

Mathilde, 19 ans, est la dernière d'une fratrie de cinq garçons. Ses parents se sont séparés en se déchirant. Elle est venue à la psychanalyse au terme de tentatives de suicide répétées. Elle suit « de loin » des études littéraires et joue de la clarinette dans les rues pour boucler son budget. L'ambiance familiale insupportable l'a conduite à louer un studio, en partie avec l'appui financier de ses parents. Cette adolescente est bègue. Son père, pianiste, l'a initiée toute jeune à la flûte, pour qu'elle devienne sa partenaire de jeu. Pour Mathilde, jouer de la flûte puis de la clarinette – instrument qu'elle a fini par choisir – a déplacé, dans les scansions et les rythmes de la « colonne d'air » de l'instrument à vent, les difficultés de son bégaiement. Elle a mis en scène cet aspect d'elle-même dans la rue et la « manche », sans y trouver une forme de reconnaissance. Dans le bégaiement de Mathilde, les rythmes du « son » et de la phonétique se sont substitués à la parole, où toute énonciation exige un choix de formulation qui engage l'identité de l'être. L'aménagement qu'elle a trouvé pour mettre en jeu, dans la vie sociale, cette part d'elle-même qui lui reste étrangère, la laisse en souffrance. Elle se confronte aux limites de ses « exhibitions » musicales et à l'handicap d'un bégaiement pesant dans ses études.

Parallèlement au début de sa psychanalyse, Mathilde choisissait de s'engager dans les métiers du « son ». Par cette orientation personnelle, elle faisait un « pas » par rapport à son exhibition précédente. Pour moi, ce terme de « son » avait aussi une autre portée. Comme adjectif possessif, il représentait l'un des nœuds de ses difficultés : il illustrait à quel point elle demeurait assujettie à « son » père, qui s'était montré tyrannique dans l'enseignement musical. Mathilde restait « son » instrument. La tyrannie paternelle lui masquait le souvenir des liens conflictuels entre ses parents, soulignés au cours de leur séparation, et dont elle se remémorait l'arrachement douloureux. Dans le parcours de cette adolescente autour du terme « son », se condensent plusieurs dimensions de sa personnalité et de son devenir, qu'elle engageait dans un projet de formation. Bien entendu, il était impossible à Mathilde de percevoir tout le relief de ce terme, et il aurait été dangereux pour elle d'être réduite à un seul sens du « son ».

L'adolescent peut se trouver réduit ou résumé à un acte pulsionnel qui dirait tout de lui, et derrière lequel il va tenter de s'effacer. Ce trait lui est souvent attribué par d'autres, ses parents, ses professeurs, ses familiers, pour caractériser certains de ses actes et les réprouver. Si un jeune cache à ses parents une initiative malheureuse ou une sanction qu'il vient d'encourir, il devient « un menteur ». Chaparder une fois ou l'autre de l'argent aux parents fait d'un tel « un voleur » ; profiter d'une sortie au-delà du temps prévu fait passer une autre pour une « fugueuse », etc. L'adolescent peut réfuter l'identité d'emprunt qui lui est attribuée, ou se l'approprier par sentiment de culpabilité ou par esprit de dérision. Il sait bien que telle ou telle action risque de tomber sous le coup du jugement parental et s'en défend.

> *« J'ai attaché mes cheveux, mis un chemisier sous ma robe à bretelles, l'ancienne, et fouette cocher avant qu'elle n'ait vu la noirceur de mes cils et le mauve de mes paupières. Surtout pas d'eau de cologne qui donnerait l'alarme. Prendre le biclou tranquillement, qu'elle me suivait sûrement des yeux dans la cuisine, marcher comme une gosse, sans chichis, en cachant le plus ma poitrine et mes fesses, qu'elle ne voie aucun changement dans mon corps depuis l'année dernière*[18]*. »*

On peut inclure dans ce registre les actes qui inscrivent une marque d'identité sur le corps, comme le tatouage, le *piercing*, la coupe de cheveux ras, la coloration capillaire, le maquillage audacieux, etc. Autant d'éléments qui possèdent leur symbolique propre, qui participent à une identité de groupe, et sollicitent le regard témoin.

18. Annie Ernaux, *Ce qu'ils disent ou rien.*

> « Je m'habille souvent en noir,
> tout en noir.
> Ma mère, bon, elle apprécie pas [19]... »

Quand un adolescent est littéralement fixé et obnubilé par l'appropriation ou la jouissance d'un objet, on finit par le résumer à ce seul objet. Il peut s'agir d'objets spécifiques comme ceux d'une collection, d'une passion sportive ou artistique où le sujet ne pense « qu'à ça ». Tout son temps y passe. On dit alors : « Il est complètement accro ! » Ce peut être aussi la recherche de séduction, la quête de différents partenaires sexuels, ou d'un objet de jouissance, d'un stupéfiant, qui permette de ranger l'adolescent dans la catégorie des « toxicos ».

> « J'ai essayé de fumer des choses,
> c'est tellement décevant [20]. »

Ici, ce n'est plus l'adolescent qui questionne son désir, mais ses parents et ses proches qui s'interrogent sur sa jouissance, ses pratiques, etc., le mettant de ce fait en position de « savoir ».

Si nous insistons sur les marques d'identité mises en avant par les adolescents, c'est qu'elles peuvent être uti-

19. Madeleine Natanson, *Des adolescents se disent.*
20. *Op. cit.*

lisées par eux de différentes manières pour tenter de s'affirmer. Leur abord exige de grandes précautions de la part des parents, de tout interlocuteur adulte, voire du psychanalyste.

Parler comme une image

Comme nous l'avons souligné plus haut, les éléments d'identité revendiqués par l'adolescent peuvent lui servir de marques dans l'expérience de son désir. Ces marques ou ces actes nécessitent de ne pas être pris au pied de la lettre par l'entourage. Il ne s'agit pas d'ignorer ce qui se manifeste ainsi, mais plutôt de ne pas le figer. D'autant que l'adolescent est généralement avare de ce dont il témoigne.

Ainsi, la mère de Prunelle, 16 ans, est rivée aux propos de sa fille. Elle vit seule avec elle et se montre très blessée de la tristesse actuelle de l'adolescente. Elle y voit le signe d'une erreur d'éducation, et craint les reproches de son ex-mari. Lors d'entretiens que nous avons en commun avec sa fille, elle est ébranlée de découvrir que sur un sujet, les formulations de Prunelle diffèrent en ma présence de ce qu'elle a pu livrer à sa mère en *a parte*. Cette femme garde fidèlement en mémoire les paroles de sa fille, dans la crainte permanente d'un écart qui lui ferait supposer Prunelle en danger, parce qu'elle serait différente de ce qu'elle pense d'elle. Elle la maintient tributaire de propos conformes à ce qu'elle attend d'elle, et de son image. Toute manifestation de désir de Prunelle ne peut qu'instiller des significations susceptibles de faire éclater le cadre préétabli. Pour éviter à sa mère tout bouleversement, la jeune fille a adopté une attitude de réserve et de retrait, dont la tristesse est une conséquence. Paradoxalement – et c'est ici l'envers de leur relation –, l'avidité inquiète de la mère vis-à-vis des propos et des actes de Prunelle met celle-ci en position de savoir et... de pouvoir. Le conformisme de sa parole conditionne la paix psychique de sa mère.

Identité brandie et désir caché

Ces marques d'identité peuvent aussi être brandies par l'adolescent pour montrer son désarroi à témoigner de son désir. A ce titre, il convient d'être prudent dans la manière de prendre en compte ce qui est mis en avant. Cette identité « est » celle de l'adolescent puisqu'il la revendique mais elle ne rend pas compte, à elle seule, de la nature de son désir. Ainsi, comment recevoir les propos d'un adolescent qui se présente à vous en affirmant d'emblée : « Je suis toxico », ou « Je suis homosexuel » ? Dans la même perspective, pour expliquer la cause de ses maux, l'adolescent exhibe parfois le décès de proches ou divers traumatismes dont il aurait souffert. Ces marques servent de support à son identité, mais font écran à l'incertitude de son désir.

L'exemple de Félix, 13 ans, est remarquable sur ce point. Il m'est adressé par la jeune femme orthophoniste qui le suit depuis plusieurs années. Une relation de confiance s'est développée entre eux, à tel point que Félix lui avoue qu'il est homosexuel. La charge affective de cette confidence conduit cette jeune femme à l'orienter avec justesse vers un lieu d'écoute plus approprié. En fait, ce que Félix avance demande à être nuancé et rapporté à son histoire.

Félix est un enfant adopté d'origine étrangère. Il sait très peu de choses sur sa famille naturelle. Placé dans un orphelinat à 12 mois, il y a séjourné jusqu'à son adoption et son arrivée en France à l'âge de 5 ans. Dans son récit, il est difficile de distinguer la réalité objective des événements de la construction personnelle qu'il a faite de son parcours. A ses dires, ses parents géniteurs vivaient dans le dénuement. Cette pauvreté explique et justifie pour lui leur geste d'abandon, mais le gêne par rapport à son aisance actuelle. Ses parents adoptifs sont allés le chercher à l'orphelinat. Il est leur seul enfant. Il mesure leur souffrance de n'avoir pas eu d'enfant naturel. A son arrivée en France, Félix s'est heurté à une langue étrangère. Il a rencontré des problèmes dans sa scolarité. L'admission au Cours préparatoire a exigé de lui l'impossible : manier la lecture et l'écriture d'une langue inconnue. De ce fait, il a dû avoir recours très tôt à une orthophoniste.

L'aisance avec laquelle Félix évoque son cursus, ses projets et sa famille actuelle me frappe. Cette aisance pourrait être le signe de sa maturité. Mais elle n'est pas que cela : sa déclaration d'homosexualité en témoigne. En fait, c'est sa seule manière de faire valoir son désir à l'adolescence. Une manière « homo », au sens étymologique « du même ». Cet adolescent s'inscrit dans une filiation narcissique [21] et non sexuée. La différence sexuée, comme marque de différence, est en partie exclue de son parcours. Sa vie à l'orphelinat est une vie institutionnelle et non familiale. Sa venue en France implique un refou-

21. La filiation narcissique est largement tributaire de l'imaginaire et ne s'inscrit pas dans le manque.

lement, un abandon de sa langue maternelle. Ce refoulement s'opère dès le Cours préparatoire, par les exigences de lecture et d'écriture dans une langue inconnue. Son entrée dans une famille où il vient par l'adoption comme un **don** renforce la dimension narcissique et imaginaire de ce qui détermine sa place. Que la famille qui l'accueille soit sous l'autorité de la mère renforce ce travers. De fait, les parents vivent dans un logement appartenant à la famille maternelle et travaillent tous deux dans la même entreprise familiale. Le père y est employé, alors que son épouse en assure la direction.

Félix apparaît prisonnier d'une filiation marquée par l'absence de référence paternelle – ou tierce – qui puisse lui offrir une assise pour lier son désir à la symbolique de la différence des sexes. La puberté amène le garçon à formuler son désir dans des termes familiers où, dans son imaginaire, chaque être, non marqué d'une différence sexuée, lui ressemble. Le terme « homo » a ce sens pour lui. En fait, cette formulation du désir est liée à sa quête, par le regard et dans le regard de l'autre, d'un désir qui le concerne directement. Félix cherche à retrouver les conditions de ses premiers souvenirs d'enfance. A l'orphelinat, les regards insistants de visiteurs adultes lui faisaient croire qu'ils pouvaient être de sa famille d'origine, et qu'ils lui manifestaient un intérêt individualisé.

Derrière sa recherche d'un regard « homo »-sexuel et la croyance à son homosexualité, cet adolescent pose la question de son origine ; il quête aussi le désir d'une instance parentale symbolique qui le concerne.

Parents et enfants complices de l'apparence

Pour finir, nous allons souligner un travers particulier. L'identité mise en avant par l'adolescent peut être exhibée par ses proches, ses parents notamment, comme symptôme, pour représenter des questions qui ne peuvent se formuler plus explicitement. Ainsi, le fond du problème se déplace sur des manifestations secondaires, avec la complicité de l'adolescent et de ses parents. Curieusement, la complicité porte sur le symptôme du jeune, dont le caractère pathologique, gênant ou grave semble faire l'unanimité... mais éloigne de questions fondamentales. Ainsi, il arrive que les aléas du désir d'un adolescent et les embarras qu'ils provoquent chez ses parents soient complètement éclipsés par des questions latérales (« Il vole dans mon porte-monnaie », « Il fume », « Elle ment », etc.). Il est important de repérer ces leurres et de désamorcer leur effet dramatique pour réussir à recentrer les questions sur l'essentiel.

La mère d'Arnaud est effondrée par l'échec scolaire de son fils. Il est l'aîné de ses trois enfants, qu'elle élève seule depuis son divorce. Enseignante, elle décèle que l'échec de son fils aîné est partiellement lié à son refus des apprentissages scolaires. Elle s'en plaint d'autant plus amèrement qu'elle n'en voit pas la raison. Il en résulte des affrontements verbaux violents. Arnaud ne cède pas. Outre les bénéfices que l'un et l'autre tirent d'une relation aussi vive qu'exclusive, le désintérêt du garçon doit être resitué dans la complicité de leur relation. Cette complicité se mesure dans les « cadeaux » maternels. Par exemple, malgré l'échec scolaire d'Arnaud, sa mère lui offre l'accès à la conduite accompagnée. A son insu, il interprète cet acte comme l'entretien d'une illusion. Sa mère lui offrirait la voie à un statut d'adulte qui lui permettrait d'éviter les exigences de tout apprentissage. Cette offre ne tient pas compte de son absence d'autonomie manifeste. Dans cette même ambiguïté, sa mère se plaint des efforts qu'elle consent pour lui, des faveurs octroyées qui ponctuent la vie familiale et alimentent une complicité mère-fils aîné. Arnaud paie tout cela dans ses échecs scolaires. Il les utilise pour se dégager d'une complicité dont il tire des bénéfices, et pour faire vaciller l'image de fils idéal qu'il incarne.

Prendre pour argent comptant les marques d'identité adolescentes, quand elles sont exhibées, conduit les parents à l'impasse. Ce qui justifie le recours au psychanalyste comme un tiers, qui fasse valoir la dimension du désir que l'adolescent tente de mettre en jeu.

CHAPITRE III

L'adolescence en marche

« Il y avait un âge où Luca avait éprouvé pour ses parents un sentiment de respect presque religieux, car il lui semblait alors qu'ils étaient parfaits et que cette perfection leur donnait une autorité aimable et indiscutable. [...]

Luca regarda ses parents et, comme si sa rage, telle une lumière violente et impitoyable, eût sculpté leurs traits d'une manière nouvelle, il eut l'impression de les voir pour la première fois [...]. Il ressentit la dureté et la vertu maternelles, le bon sens et la bienveillance paternels comme des choses non seulement étrangères à lui, mais hostiles[1]. »

Les difficultés des adolescents tiennent en partie à ce que leur autonomisation progressive réactive ce qui leur servait de support : l'imaginaire et les rêves que les parents entretenaient pour eux. C'est aussi le désir de

1. Alberto Moravia, *La désobéissance.*

ceux-ci, dont les adolescents ne sauraient rester dépendants. C'est enfin ce qui sert de repères symboliques aux parents et définit leurs positions propres. Il est important à l'adolescence que ces dimensions se fassent jour, même à travers les tensions et les éclats de voix, plutôt que de rester silencieusement actives dans un déni qui ne permet à personne de se repérer. Bien des symptômes de l'adolescence ont pour fonction de faire surgir des lignes de force sous-jacentes inexprimées.

Les rêves des parents

Pour chacun, mettre en jeu son désir réclame de se dégager de la charge affective dont il est porteur, dans le fantasme et les rêves de ses parents. Pendant l'enfance, cette valeur sert de repère silencieux pour soutenir les apprentissages. L'enfant se conforme aux exigences parentales pour accéder, dans le succès des apprentissages, à ce qu'ils attendent, et s'approprier en imagination le pouvoir supposé d'une telle réussite.

Les adolescents se trouvent plutôt embarrassés par ce poids. Car ce qui gouverne le rêve des parents, et se projette sur leur progéniture, est un idéal intime qu'ils n'ont pu réaliser. « L'amour des parents, si touchant, et au fond si enfantin, n'est rien d'autre que leur narcissisme [2] qui vient de renaître [3]. » Une charge narcissique, ou charge

2. Le narcissisme est, comme dans le mythe de Narcisse, l'amour de l'image de soi-même.

3. Sigmund Freud, « Pour introduire le narcissisme », *La vie sexuelle.*

d'amour-propre, est déplacée par les parents sur leur enfant.

> « L'enfant aura la vie meilleure que ses parents, il ne sera pas soumis aux nécessités dont on a fait l'expérience qu'elles dominaient la vie. Maladie, mort, renonciation de jouissance, restriction à sa propre volonté ne vaudront pas pour l'enfant, les lois de la nature comme celles de la société s'arrêteront devant lui, il sera réellement à nouveau le centre et le cœur de la création... Il accomplira les rêves de désir que ses parents n'ont pas mis à l'exécution, il sera un grand homme, un héros à la place du père ; elle épousera un prince, dédommagement tardif pour la mère [4]. »

Toutes ces chimères sont battues en brèche à l'adolescence. L'enfant grandissant manifeste un désir radicalement distinct de celui attendu par ses parents. Les rêves et les espoirs parentaux conservent leur propre vivacité, réactivée par les déceptions ou les désillusions. C'est un passif, une charge dont l'adolescent cherche à s'extraire pour expérimenter ses repères intimes, et pour mettre en jeu son désir dans ses choix personnels. La difficulté est que ces illusions d'adultes perdurent souvent, en dépit des refus de l'adolescent d'y adhérer. Il en témoigne par le symptôme, par les oppositions et les mises en acte, comme nous l'avons vu. Dans cette charge affective des parents, nous pouvons distinguer plusieurs influences selon que prédominent le piège de l'image, la référence à l'idéal des parents ou l'incidence de leurs fantasmes.

4. *Op. cit.*

« Maintenant je me sens mieux parce que je peux exprimer ce que je veux dire, j'ai mon opinion, c'est beaucoup mieux, c'est vrai [5] ! »

Le piège de l'image

L'adolescent se trouve directement tributaire de l'image que le parent lui porte, d'où son trouble pour interpréter ce regard posé sur lui.

> *« L'autre matin, il voulait soi-disant vérifier si j'étais assez rapide pour me lever, il est entré dans ma chambre juste pendant que je m'habillais. Comme je l'ai entendu venir, j'ai vite passé mon pull, mais j'ai senti de nouveau son regard, son air vitreux, gluant, malsain* [6]. »

De même, Chloé me dit combien elle s'est sentie figée par l'image que sa mère avait d'elle : « J'ai toujours lu le reproche dans les yeux de ma mère, dès que je faisais quelque chose qui me plaisait. Je n'étais plus comme elle me voyait. Ce regard m'était insupportable, soit par le reproche que j'y lisais, soit parce qu'elle se détournait de moi. J'avais l'impression de ne plus exister. J'ai étouffé tous mes désirs pour plaire à maman. C'était si clair et

5. Madeleine Natanson, *Des adolescents se disent.*
6. Béatrice Hammer, *La princesse japonaise.*

si visible dans mon corps, dans ma respiration coincée et ma conduite, qu'à l'école on me surnommait "Etouffe". Quand je laissais entrevoir ce que je souhaitais, elle me prenait pour le diable et me répétait : "Tu as le feu aux fesses !" »

Le poids de l'idéal des parents

Ici l'idéal des parents est déplacé sur leur enfant. Basile précise : « Mes parents m'ont répété qu'ils voulaient me voir faire les études qu'ils n'avaient pas pu faire. Il paraît que j'ai de la chance. Mais ils sont toujours derrière mon dos. On s'engueule sans arrêt sur mes notes. C'est pour eux que je dois travailler, moi je trouve que ce sont pas mes affaires. »

> « Ils se donnent pas la force
> de nous écouter [7]. »

Le fantasme des parents

L'adolescent peut se retrouver « coincé » dans une place d'objet dans le fantasme de ses parents, fonction dont il retirait jusqu'à présent un certain bénéfice.

Retrouvons Arnaud, 16 ans, qui occupe une telle position vis-à-vis de sa mère. Par sa présence et son attention, il la soutient, l'aide à ne pas se sentir déprimée après l'épreuve du divorce. Il se sent responsable de sa santé. Mais, l'adolescence venue, il ne parvient pas à faire

7. Madeleine Natanson, *Des adolescents se disent.*

entendre ses souhaits. Il a déjà perçu dans les remarques de sa mère que ses velléités de sorties étaient mal supportées. Il craint de la voir sombrer dans la dépression, comme cela s'est déjà produit par le passé. Les réactions maternelles lui font condamner, refuser ou ajourner les envies, les souhaits, les projets qui lui tiennent à cœur. Il ne répond à aucune invitation, mais souffre de cet isolement forcé. Arnaud a l'impression que ses initiatives font du mal à l'autre ; du coup, il n'en prend aucune. Il ne parle pas de ses projets d'avenir, car il les suppose menaçants pour sa mère. De ce fait, Arnaud se sent dans une impasse. Il devient triste, déprimé. Cette manifestation symptomatique a plusieurs fonctions. Elle témoigne d'abord de son désarroi. Elle désamorce aussi toute critique de « lâchage » que pourrait lui lancer sa mère. A son corps défendant, il ne peut plus assumer le soutien qu'il lui apportait. Mais à quel prix ! Sa tristesse finit par alarmer le proviseur du lycée. Elle provoque une demande de consultation, avec sa mère.

L'adolescent peut donc porter de multiples manières la charge imaginaire de ses proches. Sous l'effet de la puberté, l'éveil de l'adolescence remet en jeu les équilibres relationnels et ébranle les rapports de l'enfance chargés d'imaginaire. « Je ne veux plus être ta béquille » dit Clara à sa mère. Cette émergence remet en cause les rêves et les espoirs des parents. Pour eux, le point délicat est de les reconnaître comme les leurs, sans toutefois s'y fixer ou y rester accrochés.

La quête des repères

Il est d'autant plus difficile aux parents d'observer de la réserve que les adolescents, parallèlement à leur élan d'autonomie, les sollicitent plus ou moins à leur insu.

« *Toujours là* »

Cette recherche de repères auprès des parents se fait d'une manière confuse qui favorise l'ambiguïté des réponses. Dans l'esprit de tous, cette démarche semble contredire le mouvement d'autonomie affiché. Pourtant l'adolescent demande à ses parents de lui maintenir leur intérêt et leur investissement, en dépit de toutes les transformations qu'il ressent en lui. En dépit de tout ce qui, dans ses pensées et son imaginaire, lui semble impossible à expliquer, à partager, à faire reconnaître par l'instance adulte. En dépit de tout ce qui lui paraît peu acceptable, peu avouable, même honteux. En dépit enfin du sentiment que ses secrètes ambitions d'autonomie peuvent exprimer une part de méchanceté, de violence et même de sacrilège à l'égard de ses parents et du monde adulte.

> « *Maintenant j'en suis sûre, papa ne m'aime plus. Ça fait un mois. Il ne vient plus m'embrasser dans mon lit, il ne me raconte plus d'histoires, et ça fait quatre dimanches après-midi qu'il ne m'emmène pas avec lui. [...] Je ne sais pas comment faire pour que ça s'arrête. Au début, c'est vrai, je boudais : après tout, c'est lui qui m'a menti, il n'avait pas le droit, j'attendais qu'il s'excuse. Mais au fur à mesure, j'ai pensé que*

peut-être, il avait ses raisons... que je n'avais pas le droit de le forcer[8]*...* »

Cette recherche d'appui peut prendre bien des apparences, même celle du refus. C'est l'exemple de Guillaume, 15 ans. A son entrée en Seconde, il refuse brusquement de poursuivre sa scolarité. Il veut faire un apprentissage. Depuis le divorce de ses parents, il vit chez sa mère avec ses jeunes frères. Sa mère, enseignante, est effondrée. Elle a toujours rêvé pour lui d'études supérieures. Elle parle du père de Guillaume comme d'un homme défaillant dans tous les domaines. Aux dires du garçon, son père s'en défend en critiquant ouvertement les perspectives scolaires qui lui sont offertes. Il mêle ainsi les études de son fils aux récriminations contre son ex-femme. L'adolescent éprouve un grand désarroi parce qu'il se trouve coincé entre deux perspectives. Il a l'impression de devoir trahir, par son choix, l'un ou l'autre de ses parents. Dans ce contexte, il rencontre un ami de son père, artisan et « compagnon ». Cette rencontre le marque : elle lui présente un axe de formation qui le dégagerait du chemin tracé par sa mère. Il ne désire pas interrompre ses études, mais les poursuivre en tant qu'apprenti. « Ne plus aller à l'école » devient « Etre apprenti ». Ce cheminement lui révèle l'importance de se référer à son père dans ses projets professionnels et ses projets d'homme. Il se dégage ainsi du désir de sa mère, où il ne se retrouve pas.

Ce que « joue » Guillaume dans cette question d'avenir professionnel est avant tout sa place entre ses parents.

8. Béatrice Hammer, *La princesse japonaise.*

Après une rencontre commune avec sa mère puis avec son père, mes entretiens avec l'adolescent lui permettent de saisir l'enjeu qui s'est cristallisé sur l'école. De leur côté, ses parents s'efforcent de s'abstraire momentanément de leur lien passionné, et des disqualifications réciproques. Tous ces changements offrent à Guillaume davantage de liberté pour préciser ses futurs projets, et le conduisent à reprendre sa scolarité... en classe de Première. Pour lui, faire des choix personnels exige de s'extirper de la relation passionnelle de ses parents où il se trouve coincé, et où son individualité n'est pas reconnue.

Cet exemple reprend ce que nous avons déjà évoqué dans le refus d'Alexandre. Quand une place – revendiquée dans le refus – est reconnue à l'adolescent, il reprend d'une manière personnelle les perspectives dessinées par ses proches. Par ailleurs, on voit bien l'importance de ne pas rester figé et de ne pas prendre à la lettre une formulation de projet qui n'est jamais qu'une ébauche. A ce titre, elle nécessite d'être regardée comme un jalon, un brouillon, où l'adolescent expérimente son propre parcours.

Des balises nécessaires pour tracer la route

L'appel aux parents se fait là où ils ne s'attendent pas, et là où ils ne peuvent supposer qu'il s'agit bel et bien d'un appel. Le sérieux et la gravité avec lesquels les parents prennent en compte l'adolescence les amènent à penser que leurs enfants vont faire preuve, dans leurs sollicitations, du sérieux et de la gravité attendus. « A son âge, elle sait bien ça », « Je n'ai pas besoin de le lui dire », « Il connaît mon opinion sur le sujet » : autant de remarques livrées par des parents désorientés, déconcertés de devoir incessamment donner des limites, fixer des horaires, refuser les rallonges d'argent de poche. En un mot, les parents sont fatigués de rester des gêneurs, voire des emm... deurs, des « vieux ».

Leur enfant attend d'eux qu'ils restent « eux-mêmes » en tant que parents. Cela ne signifie pas pour autant qu'ils restent « les mêmes », figés dans leurs principes ; mais qu'ils demeurent fidèles à eux-mêmes, avec leurs travers inévitables, et l'exigence nouvelle de pouvoir prendre acte de ces travers. La navigation maritime nécessite de faire régulièrement le point, de tracer sa route à partir de balises, de phares et de points fixes. Cela s'avère impossible à faire si ces points bougent. Pareillement, la navigation de l'adolescence exige la fiabilité de repères qui soient affirmés comme tels, c'est-à-dire énoncés, représentés ou figurés. Si les parents ne tiennent pas leur position, s'ils se dérobent, on constate un grand désarroi chez les adolescents et une surenchère dans leur mode d'appel.

Les parents s'étonnent toujours de devoir répéter les mêmes choses, de devoir témoigner de leur propre logique, de leurs principes, de leurs idées et croyances. Toutefois, si les sollicitations se font ainsi, n'est-ce pas justement parce qu'il s'agit de domaines particulièrement sensibles aux parents, chers à leur cœur et sur lesquels ils vont se montrer entiers ? Ils sont, de fait, étonnés que leurs prises de position soient immédiatement décriées, critiquées, rejetées. « Il prend systématiquement le contre-pied de ce que son père et moi nous pensons ! » dit une mère. « Elle refuse tout ce que nous lui avons appris », se désole une autre.

Cette dimension de l'opposition mérite d'être développée. L'affirmation par les parents de leurs repères est l'occasion pour les adolescents d'être « contre ». Quel appui considérable que de pouvoir s'opposer, que de se dire « contre », même si ce type d'appui risque de générer la confusion ou une part de violence ! Nous avons vu comment les choses peuvent se figer dans l'opposition. C'est dire combien il est important pour les parents d'affirmer, de toutes les manières possibles, leur position qui servira d'appui à l'adolescent. La difficulté est qu'ils vont se trouver embarrassés par leurs manques. Soit ils éprouvent de la gêne à laisser deviner leurs limites, soit ils sont mis en cause dans leurs travers, dans leurs infidélités à leurs jugements ou idées. Ces failles provoquent les remarques, les critiques, les rejets des adolescents. Autant de points où s'exerce leur sagacité pour dénoncer les contradictions adultes. C'est dans leurs renoncements que les parents sont sollicités... et critiqués, dans l'écart entre leurs actions et leurs principes qu'ils sont pris à partie.

Dans cette démarche, la prise de position des parents les confronte à leurs défaillances, à leurs contradictions, à leurs failles : autant de domaines où leur amour-propre est ébranlé, où ils doivent réajuster le jugement et l'estime qu'ils se portaient à eux-mêmes. Il sont amenés à réviser ce qu'ils imaginaient d'eux dans un véritable travail de deuil. Ce travail de deuil ne manque pas d'accomplir ses effets sur leurs enfants, puisque ceux-ci s'inscrivent dans le prolongement de l'estime qu'ils ont d'eux-mêmes, de leur « narcissisme ». A faire le deuil de ce qu'ils imaginaient être, ils libèrent du même coup leurs enfants des secrets espoirs dont ils les avaient chargés. Ce

« travail » sollicite les parents dans leur identité. Ce qu'ils découvrent d'eux-mêmes, ils doivent se le réapproprier. Il ne faut pas – et c'est là une autre difficulté – que ces défaillances, ces lâchetés ou infidélités remettent en cause leurs positions de parents. Ce serait alors prendre à témoin les adolescents de leurs défaillances et les en rendre complices.

En ce sens, une complicité peut se jouer entre les adolescents et leurs parents. Le travail de deuil des parents peut déclencher des réactions inattendues. Ainsi, la critique, l'acharnement voire la disqualification par l'adolescent de ses parents soulignent, paradoxalement, qu'il cherche à conserver d'eux une image idéale à laquelle il refuse de devoir renoncer. Ce sont là des points à garder à l'esprit, pour tenir sa place de parent, mais qui ne peuvent être explicités comme tels à l'adolescent.

> *« Je crois que c'est pour ça que j'ai voulu revoir papa. Pas parce qu'il me manque, ce n'est pas lui qui me manque mais ce qu'il aurait pu être, le père que j'ai failli avoir, celui que tu n'aurais pas eu besoin de quitter, celui qui t'aurait fait rester, celui qui m'aurait donné une mère*[9]. »

Enfin, les adolescents interrogent les parents sur leurs positions distinctes d'homme et de femme. Ils révèlent ainsi leur propre incertitude à l'égard du désir, leur manière de mettre en jeu leur sexualité, leur rapport personnel à la jouissance et au monde. A ce titre, la sollicitation des adolescents est souvent ressentie comme très

9. Béatrice Hammer, *op. cit.*

directe, très crue, puisqu'elle ne fait plus appel aux parents comme à une entité « unifiée » mais comme à deux subjectivités distinctes, un père et une mère qui sont avant tout homme et femme. Comment les parents restent-ils engagés dans leur désir ? L'adolescent « calque » fréquemment son comportement sur celui de son père ou de sa mère. Du coup, les parents se trouvent directement concernés par cette « copie ». Ainsi, Frédéric volait le haschich de son père pour l'interroger sur son désir et son rapport à la loi... Les parents restent-ils travaillés et dynamisés par leur désir ? Ou sont-ils réduits à l'abdication dans ce domaine, condamnés – comme c'est le cas de certains couples – à s'appeler « papa » ou « maman », des mots qui marquent l'exclusion du désir entre eux ?

Cette dimension de désir dans le couple parental est souvent questionnée par l'adolescent sous forme de provocation. Il introduit la contradiction, l'affrontement, la rivalité entre deux êtres jusqu'alors perçus dans leur globalité de parents. Cette globalité peut être figurée par le couple tout entier, ou par l'un ou l'autre des parents ; en tout cas, elle a été jusque-là « unifiante » pour lui. Elle ne laisse pas de place à l'unité subjective de chaque parent, que le désir suppose [10].

L'exemple de Xavier est intéressant. Agé de 15 ans, il est fils unique. Il préoccupe ses parents par ce qui, dans ses comportements, échappe à la « prise » familiale. Des affrontements réguliers l'opposent à sa mère, qui tente

10. Il est nécessaire que l'adolescent puisse ainsi s'affronter à des parents différents et désirants.

de cadrer son travail. Il multiplie les « marchandages » à l'école, à l'atelier de théâtre, dans son équipe de basket. Xavier vend et échange fréquemment des objets. Il manie d'importantes sommes d'argent ; ses parents pensent qu'il s'agit du produit de vols. Ces marchandages débordent les simples chapardages à la maison sur lesquels ils ont longtemps fermé les yeux, à défaut d'y trouver une solution. Il apparaît très vite que le couple des parents est réduit à un équilibre excluant le désir. Ils s'appellent toujours « papa » et « maman » ; leur relation se trouve limitée à l'axe parental. Le père passe tout son temps à ses fonctions d'informaticien. Il redoute d'intervenir comme autorité directe, et de s'immiscer en tiers dans la proximité et les affrontements de Xavier et de sa mère. Il craint les réactions de son fils quand il intervient. Il exprime sa peur de le blesser, de le faire pleurer. C'est, de fait, ce qui se passe quand il remet son fils à sa place, ou le fait choir de ses illusions. Mais si Xavier est apparemment bouleversé et révolté, il sort très apaisé de leurs face-à-face. Effacé de la vie familiale, le père laisse Xavier livré à l'arbitraire d'une femme dont il a renoncé à être le mari. Il ne se prononce pas sur les nouvelles velléités d'autonomie de l'adolescent. Sa mère, blessée, les interprète comme des actes de violence et d'agressivité contre elle. Les vols de Xavier sont manifestement des appels à son père, des appels à une instance symbolique qui figure la loi, qui sanctionne et puisse trancher dans les différends mère-fils. C'est aussi pour lui une manière d'interroger son père sur ce qu'est le désir, et particulièrement son désir d'homme.

Des limites pour construire son désir

L'appel au psychanalyste survient quand les tensions engagées dans l'adolescence deviennent stériles. Elles s'exercent dans des situations qui semblent être des impasses, et dont le caractère extrême éclaire les repères quêtés habituellement par l'adolescent. Nous pourrions résumer cela en disant qu'il s'agit de la quête d'une parole fiable. Nous retrouvons la dimension d'affirmation évoquée précédemment, au sens d'une parole qui engage l'interlocuteur.

Les adolescents recherchent une parole parentale à portée d'interdit, une parole qui interdise « pour de vrai », qui rende impossible la satisfaction immédiate de la demande. Cet impossible conditionne le désir et constitue l'objet visé dans le désir comme insaisissable. Les adolescents cherchent dans les liens à leurs proches un arrêt, une limite aux réponses et aux remèdes que ceux-ci fournissent à leurs sollicitations. Car trouver solution à toutes les demandes est une manière de répondre à la place des adolescents, à leurs questions. Arrêter de répondre et de remédier à leurs sollicitations va confronter les adolescents aux exigences de leur propre désir.

Une parole sans concession

L'impossible se rencontre là où les parents ne cèdent pas aux sollicitations de leur enfant. Ils se trouvent contraints à ne pas céder soit en raison de risques réels, soit des limites de ce qu'ils peuvent supporter, soit enfin de leur désir. Les adolescents y trouvent un appui. Ce point de butée marqué par les parents est un point où la parole, entière et sans concession, est suivie d'effet. « Quand il me pousse à bout, je ne peux plus prendre le temps de lui faire comprendre ce que je veux dire. Il faut que cela cesse » est une remarque fréquente des parents désemparés par les surenchères. Ce temps survient souvent au sein d'une relation où ils restent jusqu'alors tributaires de leurs attentes vis-à-vis de leur enfant. Ils entretiennent l'illusion qu'à répondre à ses demandes, à donner, à arranger, à réparer, ils vont l'aider à réussir... mais à réussir ce qu'ils imaginent pour eux. Quand ils ne supportent plus cette surenchère de demandes, ils « craquent » et disent « non ». Le problème est qu'ils ne prennent pas conscience pour autant de l'illusion qui les gouverne. Ils vivent cet arrêt comme une marque de faiblesse, ce qui entraîne une grande culpabilité, puisqu'il s'agirait pour eux d'une défaillance de leur « métier » de parents. Le risque est que la culpabilité l'emporte sur la prise de position et conduise à revenir en arrière, à effacer ce qui est posé, et donc aussi à se déjuger.

Penchons-nous sur l'exemple du père de Pierre, 15 ans. Pierre est le deuxième de trois garçons, et vit avec sa mère depuis la séparation de ses parents. Son père n'arrive pas à affirmer son autorité. Il répond à ses échecs scolaires et à ses frasques en lui offrant des cours supplémentaires, une institution scolaire prestigieuse, etc. Ces initiatives ne remédient pas aux difficultés de Pierre. Le père se plaint de mal supporter la séparation d'avec ses enfants. Il se sent obligé de compenser son absence par de tels signes d'intérêt. En fait, ces offres ont une autre portée pour lui. Il souffre de sa situation professionnelle et financière, plus modeste que celle de la mère de ses enfants. Les échecs scolaires de Pierre prennent fin quand son père, au terme d'entretiens que nous avons ensemble avec son fils, décide de « ne plus payer pour lui ! » Cet homme a repéré ce qui se jouait dans ses liens avec son ex-femme, et qui se traduisait dans les questions d'argent. Il peut s'en affranchir, et prendre une position d'autorité en déclarant à son fils : « Ça suffit, je ne paie plus pour toi », ce qui sous-entend : « A toi de prendre tes responsabilités, je ne me substitue plus à toi. »

Une parole en acte

La parole se traduit par des actes : elle ne reste pas lettre morte. Elle se libère des concessions réciproques qui permettaient une vie commune acceptable, mais laissaient artificiellement de côté les tensions et les conflits. Pour les parents comme pour les adolescents, la mise en acte est une manière de témoigner de son identité. Voilà une autre facette des difficultés des parents. Bien souvent la « plainte » qu'ils répètent auprès de ceux qui les écoutent – plaintes sur le comportement général de leur enfant, ou ses difficultés scolaires – risque d'être un discours de complicité. Ils énoncent leur impuissance supposée : « Ça ne sert à rien », « Il n'écoute rien de ce que je lui dis ».

Ce qui est à la fois vrai et faux. Vrai parce que la compréhension de l'adolescent, son adhésion à une explication rationnelle, le recours au raisonnement ne permettront pas le changement tant attendu. Faux parce que l'acte qui aurait des effets indéniables est difficile à mettre en œuvre pour les parents. Pourtant, l'adolescent attend une parole suivie d'effets. Un exemple courant est celui de l'argent. Les parents de Julien se plaignent de leur fils, qui « flambe » tout son argent de poche. Leur plainte est exacerbée par le fait qu'il n'arrête pas de quémander un supplément qu'ils n'ont pas le courage de lui refuser. Ils craignent que Julien soit sans le sou dans les transports en commun et qu'il commette une infraction. Or si Julien dépense ainsi son argent, c'est justement pour se trouver en position de ne rien avoir, de manquer et de demander. Ce supplément mensuel est devenu une habitude. En lui accordant régulièrement ce dépassement de budget, ses parents nient en acte ce qu'ils affirment par ailleurs, qu'il y a une limite à ce qu'ils lui accordent. Ils disqualifient leur parole.

La fiabilité de la parole

Il importe que sur les points où l'adolescent sollicite ses parents, ceux-ci témoignent de ce qu'ils pensent et fassent bien ce qu'ils disent. A charge pour lui de tenir compte ou non de ce repère, de se situer vis-à-vis de lui, et de s'en démarquer s'il le juge nécessaire. En tout cas, l'affirmation parentale doit être posée : « Je pense que cela est important pour toi. Il est possible que je me trompe. Mais je prends cette décision précise et je m'y tiens ! » Cette prise de position des parents affirme leur désir. Il peut s'agir de fixer une limite (« Ne rentre pas après 22 heures »), de se dégager des projets de l'adolescent (« A toi d'assumer tes responsabilités »), ou d'introduire une position nouvelle (être un peu plus disponible pour lui, par exemple).

En tout état de cause, la parole dite doit être fiable. Les adolescents testent cette fiabilité. Pour eux, la fiabilité prime la mesure prise. Si celle-ci s'avère maladroite, inadaptée, elle peut être modifiée par la suite. L'essentiel tient à l'ajustement entre ce qui est dit et ce qui est fait.

La répétition de la plainte, qui laisse percevoir l'inefficacité de la parole, disqualifie son auteur. Bien entendu, une telle initiative ne manque pas d'introduire une discontinuité. C'est, pour les parents, faire le pari de l'efficacité de leur décision ou de leur prise de position. Ce qui nécessite de saisir les repères qui donnent autorité à leurs engagements et choix, pour pouvoir y rester fidèles. Car ils rencontrent plusieurs difficultés dans la mise en œuvre de leurs dires.

Tout d'abord, leur prise de position ne manque pas d'affecter l'adolescent parce qu'elle est inhabituelle, qu'elle lui réinstitue sa place et le libère d'une illusion. Le désagrément qui en résulte est lié à la désillusion. Les parents interprètent très fréquemment ce désagrément comme un signe de souffrance dont ils seraient la cause. Cette interprétation fausse risque d'ébranler leur résolution. Par ailleurs, pour que les parents puissent compter sur les effets de leur parole mise en acte, ils doivent se dégager de ce qu'ils imaginent de leur enfant. Y renoncer signifie supposer leur enfant différent de leur représentation. C'est aussi renoncer à l'illusion de pouvoir lui éviter d'en passer par des épreuves, des deuils, des déceptions. Personne ne peut éviter cette dimension de la souffrance.

Charles-Henri est l'aîné de trois enfants. Il a terminé, à 16 ans, de brillantes études secondaires. Ses parents ont organisé pour lui les jalons d'études supérieures pleines de promesses. Sa première année est venue ébranler ces rêves. Charles-Henri s'est senti mal à l'aise dans une filière où il reconnaît peu sa voie. Il ne parvient pas à en parler à ses parents. Son père a tenté d'obtenir une dérogation pour lui permettre un redoublement, en faisant intervenir avec succès ses relations. Nouvel échec du jeune homme. Nouvelle intervention du père. Ces échecs angoissent Charles-Henri, tout comme l'impuissance à se dégager des attentes paternelles. Dans ce contexte, il vient me voir pour trouver une aide. Une première rencontre commune avec les parents, puis la mise en place d'une psychanalyse individuelle lui permettent de changer d'orientation selon ses choix personnels. Il échappe aux jeux d'influence de son père. Toutefois, ce dernier reste à ce point attaché à ce fils « rêvé » qu'il lui présente, avant chaque examen, les démarches qu'il a déjà entreprises pour assurer son avenir et son cursus... en cas d'échec ! Dans cet exemple caricatural, le père refuse de se dégager de l'aveuglement de son fantasme et de renoncer à son emprise supposée sur son fils... en préparant et même en prévoyant son échec.

> « *Sa mère, souvent, faisait des plans pour son avenir : Après ton baccalauréat, dit-elle un jour, tu feras ta licence... si tu choisis le droit tu pourras travailler avec ton père et hériter de sa clientèle et de son cabinet... et puis, quand le moment sera venu, tu épouseras une jeune fille de bonne famille... mais, avant de te marier, il sera bon que tu fasses quelques voyages afin de voir un peu le monde... ton père et moi nous sommes d'accord là-dessus*[11]. »

Mettre en acte sa parole est parfois difficile dans les situations de séparation ou de divorce, où l'un des parents vit seul avec son ou ses enfants. Elle est aussi dif-

11. Alberto Moravia, *La désobéissance.*

ficile dans certaines familles recomposées, où le parent partage sa vie avec un nouveau conjoint, et que ce dernier reste exclu d'une relation complice parent-enfant. Si le nouveau conjoint adopte une telle prise de position à l'égard de l'adolescent, elle risque d'être perçue par le parent comme la fin possible d'une relation trop exclusive. Cela engagerait leurs liens sur d'autres bases. Il faut souvent que la situation devienne grave et tendue pour que le parent renonce à cette proximité fusionnelle.

Pour les parents, se dégager implique de reprendre à leur propre compte leurs pensées, leurs fantasmes, avec toute la charge d'affectivité, de tristesse, d'angoisse voire de culpabilité qu'ils se doivent d'assumer. Il s'agit là d'un véritable « travail », où l'on voit se différencier deux versants : celui de la position symbolique et structurante de parent vis-à-vis de l'adolescent ; celui de la prise en compte par chacun de son propre imaginaire. Si les parents sont inquiets, coupables ou tristes à l'égard de leur enfant, ils doivent rattacher ce sentiment à la représentation qu'ils ont de lui. C'est une affaire qui les regarde, distincte des velléités d'autonomie de l'adolescent.

Synergie de la parole

Dans la prise de position symbolique des parents à l'égard de leur adolescent, l'effet « synergique » de leur position commune a une grande importance. L'effet d'une décision prise à deux est supérieur à la somme des effets des décisions individuelles de chacun. Il ne s'agit pas d'assimiler cela à une confusion des identités respectives des parents, ni de prôner une « globalité » unifiante ; nous avons vu les effets étouffants d'une telle référence. La synergie tient au fait que les deux parents vont s'entendre pour donner la même limite, et la tenir. Cette entente a pour vertu principale de poser ce repère au titre de symbole pour l'adolescent. Elle met en jeu ce qui lie les parents, la subjectivité de chacun, leur identité sexuée d'homme et de femme. L'adolescent n'entretient plus seulement un rapport avec l'un ou l'autre de ses parents, mais avec une borne, un symbole extérieur aux deux, ce qui entraîne une issue aux conditions d'opposition. A l'inverse, le désaccord des positions parentales a un effet de disqualification réciproque.

Par sa quête de repères, l'adolescent prend position vis-à-vis des impossibilités qui lui sont manifestées. Il se familiarise aussi avec son désir.

La position des parents

Les situations difficiles mettent en cause de multiples facteurs. Parmi eux, il y a sans doute les réactions directes des parents à l'adolescence de leur enfant. Mais aussi l'insistance avec laquelle l'adolescent interpelle son entourage pour en obtenir un refus, ou pour le mobiliser contre un mouvement d'autonomie dont il perçoit déjà la teneur et qui l'embarrasse. Dans ces situations « en cercle », les questions de l'adolescent et celles des parents se mélangent. On peut y repérer plusieurs lignes de force.

L'absence d'un lieu à soi

Nous avons vu que les parents doivent accomplir un véritable travail de deuil pour distinguer l'adolescent et ses élans de la place et de la fonction qu'ils lui octroyaient.

Un exemple est celui de Pierre, que nous avons déjà évoqué. Pierre voit une psychanalyste depuis un certain temps, de manière discontinue. Sa mère l'accompagne sur les conseils de l'analyste, car il « sèche » de plus en plus ses séances. Pierre est en échec scolaire. Il est en classe de 4ème. Il est insaisissable. Pour ses professeurs, ses parents et sa psy, Pierre est absolument insaisissable. On ne sait jamais où le trouver, où le joindre. Personne ne sait où il disparaît. Il est pris dans un mouvement incessant et imprévisible. Il gravite entre les domiciles de ses parents séparés, l'école et la salle de basket où il suit des entraînements de compétition. Bien entendu, il s'engage, promet à l'un ou à l'autre d'être ici à telle heure, mais il ne tient aucun de ses engagements... qui sont d'ailleurs moins des engagements que des propos témoignant de son assujettissement envers son interlocuteur immédiat. Pierre ne fait qu'exprimer, à son insu, ce que l'autre attend de lui. Il est si tributaire d'autrui qu'il ne peut que s'effacer et se dissoudre devant lui – quitte à retrouver sa liberté dans l'errance, où l'imprévisible garantit pour lui un lieu propre. De ce fait, même les propositions de psychanalyse sont vouées à l'échec parce qu'elles s'inscrivent dans le même mouvement. Il est nécessaire avant tout que Pierre s'apaise, et que soit reconnu ce qu'il manifeste de lui-même.

Nous convenons, avec l'analyste de Pierre, qu'il poursuive avec elle les entretiens individuels amorcés, et que ses parents s'adressent à moi dans leurs interrogations. Après quelques rencontres avec sa mère chez qui il vit, puis avec son père, des repères m'apparaissent pour comprendre cette fugue incessante. Tout d'abord, Pierre se perçoit l'enjeu de ses parents. Il se reconnaît inconsciemment l'enjeu de leur relation passionnée, par-delà leur séparation. Il se situe au cœur de leur relation, ce qui explique déjà ses mouvements de va-et-vient de l'un à l'autre. Etre avec l'un suppose trahir l'autre. C'est là une expérience fréquente des situations de séparation où le maintien du lien « passionné » entre les adultes se poursuit dans la haine, la récrimination... Même si la séparation est réalisée géographiquement, la vivacité de la relation de couple reste identique, sans qu'un renoncement soit fait. L'adolescent, qui se sent « entre deux », se suppose l'enjeu de cette passion et se trouve ballotté dans une situation présentant un certain équilibre. Car elle le maintient, lui aussi, à l'écart du travail de deuil que nécessite la véritable séparation de ses parents. Elle fait également écran à toute prise en compte des difficultés du lien sexuel et du désir. De plus, chacun des parents conçoit les études et les succès de Pierre comme une affaire personnelle et tente de se les approprier. Cela ne fait qu'alimenter la confusion. Dans cette succession d'échecs et d'errances, les parents sont tentés de « payer » à Pierre des cours privés, de lui offrir des garanties, de lui promettre toutes sortes de récompenses. Le déséquilibre de l'assise financière des parents m'apparaît peu à peu comme le domaine où se révèle le sentiment d'infériorité du père.

Plusieurs séances ont lieu avec les parents, rencontrés successivement chacun d'eux avec leur fils. La distinction des rencontres respecte la séparation effective des parents et tente d'éviter que la crise les fasse se rassembler à nouveau autour de leur enfant. Il faudra de nombreuses rencontres pour que cet adolescent puisse prendre véritablement possession d'un lieu qui lui soit propre. Pierre a besoin d'une place qui lui permette de ne plus se supposer l'enjeu de passions, et de ne plus dépendre des caprices de ses géniteurs. Fort de ces échanges, son père a pu prendre position face aux frasques de son fils : « Ça suffit, je ne paie plus pour toi ! » Il dégage pour l'adolescent une place libre où il va se trouver confronté à ses moyens, à son autonomie et à son désir.

Cet exemple illustre une situation habituelle, où le souci des parents de bien faire, de protéger leurs enfants de la souffrance du divorce ou de la séparation apparaît comme prétexte pour ne pas poser, pour eux-mêmes, la question de leur lien d'une manière plus tranchée. Du coup, ceci empêche l'enfant de faire un travail de deuil sur le couple de ses parents. Et cela le prive de pouvoir se situer distinctement à l'égard de l'un et de l'autre.

Les exemples de tels aménagements abondent. Celui de la garde alternée en est un : « Tant de jours chez moi, tant de jours chez ton père. » Les parents se séparent, et pour éviter à leur enfant tout déchirement, décident d'un mode de garde où il passe un temps égal chez chacun d'eux. Plutôt que de vivre chez l'un et d'être en visite chez l'autre, leur enfant se partage en deux temps équivalents, parfaitement chronométrés. C'est un classique exemple topographique de « non-lieu », et de mise en place d'un entre-deux souvent difficile à gérer. Tout d'abord l'enfant n'a pas vraiment la possibilité de « se poser » chez l'un ou chez l'autre, d'autant moins que de nouveaux conjoints et d'autres enfants peuvent intervenir dans cette distribution. Et dès qu'une difficulté surgit avec l'un des parents, l'alternance se prête à ce que l'autre en soit rendu responsable.

Bien entendu, par notion de lieu, nous entendons la place que les parents assignent à leur enfant. Il importe donc qu'ils prennent des mesures pour déterminer et définir cette place. Tous les recours qu'il trouvent pour éviter de se situer l'un par rapport à l'autre rendent une telle détermination impossible. Il importe aussi qu'ils respectent cette place, se gardant de s'y glisser dans une position substitutive. Reconnaître la place de l'adolescent implique de tenir compte de ses prises de position et d'éviter deux travers : l'annulation de celles-ci sous prétexte de compréhension, et la projection sur l'adolescent d'une problématique adulte.

Comme si de rien n'était...

La psychologisation liée à la vulgarisation du savoir se fait sentir dans les recherches – parfaitement respectables au demeurant – des parents pour comprendre et expliquer les actes de leurs enfants. Mais l'explication de l'acte risque de faire perdre de vue sa valeur et sa portée, et d'être, en fait, une tentative de maîtrise qui dénie sa gravité. La gravité étant entendue ici comme ce qui est grave, ce qui a de l'importance et non comme une dramatisation péjorative.

Ainsi en est-il pour Alexandre, 16 ans, enfant unique adopté, dont nous avons déjà évoqué les difficultés scolaires. Ses études sont chargées d'une attente exagérée de la part de ses parents. Ses difficultés à se dégager de cette attente l'empêchent de penser par lui-même. Cela se manifeste dans les apprentissages scolaires, mais aussi dans sa réserve à réfléchir à son origine, par crainte de blesser ou de heurter ses parents. Il me dira plus tard qu'à cette époque, la question de son origine lui semblait aller à l'encontre de l'affection de ses parents. La révélation tardive que ceux-ci lui ont fait de son adoption lui faisait supposer une grande susceptibilité de leur part dans ce domaine. Son échec scolaire, il le camoufle en ne leur présentant pas son carnet. L'aménagement trouvé par les parents – obtenir régulièrement la photocopie de ce document – a comme effet d'annuler ce refus et de favoriser la surenchère. Alexandre fait plusieurs tentatives de suicide, ce qui conduit ses parents à consulter un psychanalyste pour leur fils. Mes rencontres avec eux, sans leur fils, leur permettent peu à peu d'exercer leur vigilance. Ils sanctionnent certains actes d'Alexandre (la dissimulation du carnet de notes, par exemple) ; par là, ils leur accordent de l'importance. La reconnaissance qui en résulte réintroduit la possibilité d'échanges. Ces échanges, même s'ils restent conflictuels et tendus, les sortent du déni.

Jessica, elle, a 18 ans. Elle prépare avec ses parents un projet de vie autonome, mais refuse de leur fournir le détail du budget qu'ils lui demandent de préciser. Malgré son refus, ils financent son installation sur une base approximative. Ce mouvement généreux nie le refus manifeste de Jessica, et participera à l'échec de son projet. La jeune fille suivra un parcours assez compliqué pour réintroduire, par d'autres biais, l'attitude de refus qu'elle voulait faire valoir auprès de ses parents. Par là, elle cherchait à se dégager d'une image idéale emprisonnante. La prise en compte de son refus et de sa place ne s'est faite qu'au prix d'un parcours semé d'échecs. Logiquement, l'annulation de son acte conduit l'adolescent à s'engager dans la surenchère, voire dans la provocation.

« Il est tout mon portrait ! »

L'autre travers de la compréhension adulte est de plaquer son propre savoir sur l'adolescent pour répondre à ses questions. Nous pouvons distinguer plusieurs types de savoirs.

Le symptôme de l'adolescent se construit sur du familier, voire du familial. L'adolescent se trouve souvent en difficulté au point de défaut des liens familiaux. Il n'est donc pas étonnant que ses manifestations symptomatiques reprennent la problématique de ses proches. Cet emprunt amène les parents à le confondre avec leurs propres difficultés. Ils réagissent à ce symptôme comme à leurs problèmes personnels. Combien de fois rencontrons-nous des parents qui voient dans les difficultés de leur enfant la répétition de leurs propres symptômes, qu'ils supposent identiques ! On voit bien pourquoi les parents y restent aveugles, et l'intérêt d'une aide dans ce domaine. Cette confusion ne manque pas de « réduire » l'adolescent, et cette démarche de maîtrise, plus ou moins consciente, provoque la surenchère. « Il est comme moi à son âge ! » Bien entendu, pour les parents, se retrancher inconsciemment derrière une symptomatologie supposée commune leur permet d'éluder l'exigence de traiter leurs propres symptômes, et de reconnaître ceux de l'autre distincts.

« Je est un autre [12]. »

12. Arthur Rimbaud, *Une saison en enfer.*

L'exemple de Virginia est remarquable sur ce point. Elle vit son adolescence avec un profond mal-être et des expériences de dépersonnalisation [13]. Elle a du mal à accepter les changements de son corps et à appréhender son identité féminine. Elle est l'aînée de sa famille. Son mal-être saisit sa mère de plein fouet, dans ses questions de femme. La mère de Virginia se refuse toutefois à y répondre comme mère : elle y répond par le savoir. Déjà liée au savoir en tant qu'enseignante, elle commence des études de psychologie pour tenter de comprendre, non pas sa fille, mais la psychologie de sa fille... Dans ce glissement de registre, le savoir livresque vient se substituer à la nécessité, pour cette mère, d'être travaillée par ses questions de femme à l'occasion de l'adolescence de sa fille aînée. Elle est mise en difficulté sur ce qui lui fait alors défaut, sa « connaissance » d'elle-même, dont l'essentiel, inconscient, lui échappe. Une telle connaissance de soi ne saurait se confondre avec le « savoir ».

Une autre forme de projection est induite par le savoir professionnel des parents. Cela arrive très fréquemment. On rencontre cette situation chez des parents éducateurs, infirmiers, médecins, enseignants, etc. Leurs réflexes professionnels risquent de remplacer la mise en jeu d'eux-mêmes, là où l'adolescent sollicite l'incertitude de leur désir. Leur réponse peut se faire au nom de ce savoir sans entendre l'appel lancé, et favoriser la surenchère ou des comportements d'opposition. Dans ce domaine, on rencontre des parents, familiarisés avec les connaissances psychologiques, qui précèdent les initiatives de leur

13. Dans ces expériences, l'adolescent ressent l'étrangeté d'être lui-même, voire d'habiter son propre corps.

enfant. Ce faisant, ils lui « coupent l'herbe sous le pied » et étouffent ses initiatives. Il ne s'agit pas de précéder, mais d'anticiper et de rester en retrait à l'égard de ces initiatives, sans préjuger de leurs formes parfois inattendues.

Quand le savoir professionnel du parent se substitue à l'implication de sa subjectivité et de ses actes, il arrive que le symptôme de l'adolescent se manifeste dans le domaine précis de son géniteur. Cette « coïncidence » souligne l'adresse de l'appel, et l'impasse dans laquelle le jeune se débat. Par exemple, l'adolescent au père médecin va développer des troubles somatiques fonctionnels, c'est-à-dire sans cause organique. L'enfant de parents enseignants, lui, va se trouver en échec ou en absentéisme scolaire.

Christophe, 16 ans, « sèche » les cours à l'insu de sa mère, proviseur de lycée. Celle-ci est trop sollicitée par sa vie professionnelle pour lui accorder une grande attention. La « complicité » de leur vie à deux ne ménage pas au garçon une place bien définie. Sa manière d'appeler sa mère est de venir la solliciter sur son centre d'intérêt : l'école. Il l'interpelle par des absences répétées et par l'échec, alors que sa réussite scolaire est tant attendue. Quand la mère de Christophe prend conscience de son absentéisme, cela reste sans effet. Car elle tente de comprendre « en professionnelle » les difficultés de son fils. Il faudra qu'une seconde année scolaire débute sur le même mode pour la contraindre à s'interroger plus profondément et à faire appel à une aide extérieure.

Le réveil du désir chez les parents

Des parents s'approprient aussi l'élan de leur adolescent. Par certains aspects, le désir des adultes se montre réveillé et calqué sur ce que le jeune engage. Cela induit une confusion entre les places respectives des parents et de l'adolescent, et témoigne d'une défaillance du père ou de la mère à tenir sa place.

Pomme est l'aînée d'une famille très aisée. Son père occupe à Paris un poste important dans l'industrie. A l'âge de 16 ans, après la découverte d'une communauté religieuse, elle décide de se convertir au catholicisme et demande le baptême. Elle est animée par un souci de simplicité et de pauvreté qui tranche avec le train de vie familial. Son père, athée, est ébranlé par sa décision. Il dira plus tard avoir eu l'impression d'être « lâché » par sa fille. Il se convertit à son tour, et va plus loin. Il démissionne de ses fonctions et rejoint, avec sa famille, la communauté qui a tant marqué sa fille. Il choisit, avec les siens, de mener une vie austère et simple en province. Pomme est saisie par ces changements. Elle ne s'y retrouve plus, et a du mal à repérer où se situe l'incidence de sa responsabilité individuelle. Elle éprouve une grande confusion. Sa pratique religieuse lui permet de canaliser sa culpabilité obsédante. La rencontre d'un homme fréquentant la communauté la conduit, plus tard, à se dégager petit à petit de cette intrication de désirs. Pomme se mesure, autrement, à ses questions personnelles. Elle les élucide par une psychanalyse.

A l'occasion de l'adolescence de leur enfant, certains parents retrouvent une nouvelle « jeunesse ». Ils exhibent une liaison avec un partenaire d'âge voisin de celui de l'adolescent, quel que soit le devenir de cette liaison. Dans cette identification à l'adolescent, le parent déplace sa quête liée à son désir, et refuse le deuil de ses illusions qui lui permettrait d'assumer sa place d'adulte. Ces situations troublent l'adolescent pour se positionner, pour s'entendre avec le nouveau conjoint, et du coup avec l'autre parent.

D'autres adultes ont recours, pour différer leurs interrogations personnelles, à des « produits » comme objets de jouissance. Il peut s'agir de reprendre une alcoolisation ancienne, ou de calquer une toxicomanie sur celle, présumée ou vraie, de l'adolescent. Le film *Family life* illustrait ce mouvement de parents, qui se mettaient à fumer du haschich pour « comprendre » leurs enfants.

Le renoncement pour être parent

L'absence de lieu propre, l'annulation, la projection parentale, le réveil du désir : autant de travers qui soulignent la difficulté de tenir une position de parent qui permette à l'adolescent de suivre son propre parcours.

Nous avons vu comment l'adolescence passe par une quête de repères auprès des parents. La dimension de rêve dont il reste chargé fait écran, pour l'adolescent, à la prise en compte de ses propres repères pour se lancer dans des choix personnels. Pourtant, par cette démarche incertaine, il va découvrir une part de lui-même qui ne peut se manifester autrement. Les parents doivent renoncer à ce qui est parfois perçu comme une complicité. Cette complicité tient à ce que l'enfant s'est jusqu'alors placé dans l'axe du rêve et des projections des parents. Dans la complicité, l'un et l'autre sont les mêmes.

Ainsi cette mère, qui vit seule avec ses trois enfants depuis quelques années. Elle vient consulter à propos de son fils aîné. Leurs affrontements ne cessent pas. En parlant de sa famille, cette femme utilise souvent le « nous ». Par ce « nous », elle me précise faire référence à la « communauté », au collectif, au groupe familial. Elle conçoit la vie familiale dans une forme de parité communautaire, d'égalité parent-enfant. Pas de disparité, d'asymétrie de position. Est exclu de cette présentation ce qui permettrait de marquer la différence, à laquelle la sexualité des parents donne habituellement une figuration. Tout ceci est maintenu à l'écart par le « nous » insistant. L'opposition et l'affrontement du fils dénoncent cette exclusion, et visent à réintroduire une différence, pour pouvoir s'y appuyer.

Ce renoncement exige que les parents reprennent à leur compte ce dont ils chargeaient leurs enfants, c'est-à-dire les aspects d'eux-mêmes dont ils n'ont pas assumé la responsabilité jusqu'à présent. Il s'agit d'un travail de découverte pour assumer ses repères personnels. Du coup, l'angoisse, la crainte d'un danger pour l'adolescent peuvent se révéler plus directement liées à leur embarras à l'égard de leur propre désir, de leurs propres rêves, de leur propre avenir. Les exemples précédents l'ont bien montré. Pour qu'un tel mouvement soit possible, il faut – comme dans le deuil – tenir compte de l'impossibilité de faire autrement. Nombre d'adolescents et de parents « rêvent » ces situations comme si tout était encore possible. Pourtant, le symptôme, la souffrance ou la crise qui s'impose à tous marque une vraie rupture dont il est nécessaire de tenir compte. Le psychanalyste consulté à cette occasion peut s'appuyer sur l'impossibilité que manifeste le symptôme pour réintroduire l'exigence pour les parents d'avoir une position éthique et responsable.

CHAPITRE IV

L'adolescence en souffrance

« Vous
je ne vous regarde pas
ma vie non plus ne vous regarde pas
J'aime ce que j'aime
et cela seul me regarde
et me voit
J'aime ceux que j'aime
je les regarde
ils m'en donnent droit[1]. »

Pour ceux qui sont familiers des difficultés de l'adolescence, il est clair que les repères utilisés chez l'adulte pour aborder les souffrances et les symptômes sont inopérants ici. L'inefficacité tient à la dimension narcissique de l'adolescence, à l'enjeu chargeant le symptôme dans les liens aux autres, et aux réactions des parents et des proches sur ces manifestations initiales.

1. Jacques Prévert, « Droit de regard », *La pluie et le beau temps.*

A l'adolescence, la poussée de la puberté ébranle l'image de soi-même. Pour l'enfant, le stade du miroir [2] lui permet d'anticiper, avant qu'il ne soit mûr dans son autonomie motrice, l'expérience de l'unité de son être, que l'image de soi vient figurer. Cette anticipation par l'imaginaire est à la base de la constitution du moi et de la personne. Son influence reste présente dans les apprentissages, où les succès font espérer à l'enfant l'accès aux pouvoirs supposés des parents, comme garanties de l'identité. L'attente des parents, qui situent l'enfant dans le prolongement de leurs propres espoirs, alimente cette démarche. D'autre part, le filtre de l'image s'interpose dans le rapport de chacun aux choses, et dans tout effort de connaissance consciente. La poussée de la puberté confronte l'adolescent à son désir, et sollicite son identité jusqu'alors tributaire de l'image de soi. Les transformations du corps ébranlent l'apparence imaginaire de chacun. Le caractère insaisissable de ce qui anime le désir rend précaires les tentatives d'explication trop rationnelles de ces changements. Toutes ces incertitudes de l'identité donnent une tonalité narcissique [3] aux symptômes de l'adolescent. A ce titre, arrêtons-nous sur certains symptômes, sur certaines souffrances pour en saisir la spécificité dans ce temps de la vie.

« Cette espèce de métamorphose morale se produisit en moi pour la première fois pendant notre voyage, auquel je fais remonter le début de mon adolescence.

2. Jacques Lacan, « Le stade du miroir comme formateur de la fonction du Je », *Ecrits.*

3. Liée donc à la recherche de sa propre image.

Pour la première fois, il me vint clairement à l'esprit que nous (c'est-à-dire notre famille) n'étions pas les seuls à vivre sur terre, que tous les intérêts ne convergeaient pas vers nous et qu'il existait une autre vie, celle de gens n'ayant rien de commun avec nous, ne se souciant pas de nous et n'ayant même pas idée de notre existence. Sans doute savais-je déjà cela avant ; mais cette connaissance ne ressemblait pas à la découverte que je venais de faire : elle n'était passée ni dans ma conscience ni dans mon sentiment[4]. »

La dépression

Parler de dépression implique de quitter le flou du langage courant pour rattacher ce terme à la tristesse et à un ensemble de manifestations de même tonalité : l'absence d'envie, d'initiative, d'intérêt ; l'inhibition ; le ralentissement, la lenteur dans les activités intellectuelles et physiques, dans la pensée ; l'impression de fatigue ; l'absence de dynamisme ; le désarroi d'avoir conscience de son état, sans pouvoir rien y changer. S'y associe le risque suicidaire, qu'il soit déjà tenté, énoncé, ou suggéré, ou sur lequel l'adolescent se montre d'autant plus discret qu'il peut se figurer cet acte comme une solution à des questions qu'il n'arrive pas à traiter correctement.

« *Je préfère rester enfermée, sans même entrouvrir la fenêtre, je voudrais dormir et jamais me réveiller. J'ai envie de tout oublier, tout ce que j'ai vécu jusqu'à pré-*

4. Léon Tolstoï, *Adolescence.*

sent, envie de ne plus exister... J'ai passé encore deux jours dans ma chambre, sans même entrouvrir la fenêtre, à ne rien faire à part attendre, attendre sans rien faire, sans plus savoir ce que j'attendais, comme si le destin allait frapper et que je n'avais rien d'autre à faire que de m'y préparer, recroquevillée en moi-même comme si je n'existais pas. Je ne savais plus si je rêvais ou non, s'il faisait jour ou nuit, si le monde existait encore, tout s'était mélangé, il n'y avait qu'un entrelacement de voix, presque solides, comme une forêt plantée si profond dans ma tête que je ne pouvais en sortir[5]. »

La dépression de l'adolescent provoque l'étonnement, la surprise voire le désarroi des adultes. On attend le plus souvent des adolescents des manifestations de vivacité, des initiatives, des projets exubérants, et même une certaine exhibition dans les amorces de la vie affective et sexuelle. En fait, il est intéressant de souligner combien l'adolescence est assez proche de ce qui se joue dans un travail de deuil, ce qui explique la fréquence des manifestations dépressives à cet âge.

Le deuil

Le deuil est lié à une perte réelle inexorable, inévitable. Celui qui y est confronté est ébranlé dans toute son identité. Les éléments avancés par Freud et Lacan[6]

5. Béatrice Hammer, *La princesse japonaise.*
6. Sigmund Freud, « Deuil et mélancolie » in *Métapsychologie* ; Jacques Lacan, *Le désir et son interprétation*, séminaire de l'année 1958/1959, *L'angoisse*, séminaire de l'année 1962/1963.

à propos du deuil soulignent qu'il a deux versants. En premier lieu, le versant de la perte liée à la mort d'un proche, à la perte d'un idéal ou même d'une abstraction, confronte le sujet à une expérience incontournable. Cette perte se vit comme imprévisible, imparable et irréparable. A ce titre, elle a une dimension traumatique. En second lieu, celui qui vit cette perte se trouve contraint de mobiliser l'ensemble des éléments qui constituent son identité. De manière répétée et imprévisible, par le travail de mémoire, reviennent à son esprit des souvenirs en rapport avec « l'objet[7] » perdu. Toutes les relations à cet objet s'imposent à l'esprit de l'endeuillé, se substituent à ce manque et tentent de le combler. Les rites du deuil sur la scène sociale, ou la répétition des souvenirs dans le for intérieur, ont pour but de substituer à la perte ce qui fait l'ensemble de l'identité d'un sujet. Par cette référence, chacun se trouve confronté à la perte inaugurale, au renoncement initial, qui a servi de base à son identité et qui correspond au fait de parler. Ce renoncement est celui du rapport immédiat aux choses en les nommant et en leur substituant des mots. En chacun, la trace de ce renoncement se ressent en terme de manque fondamental qui est réveillé à l'occasion d'un deuil. Par le travail de deuil, le sujet engage donc la structure de son identité. Il se réapproprie douloureusement un manque qui est la base du désir, qui fait que chacun court en permanence après des objets qui viendraient combler ce manque, sans succès.

7. « L'objet » peut être une personne, mais aussi un idéal, une période de la vie, etc.

Le deuil pathologique – que l'on rencontre parfois quand quelqu'un n'arrive pas à faire le deuil d'une personne, bien des années après sa mort – peut se définir comme un refus inconscient d'accomplir ce travail de deuil, et de devoir se confronter avec douleur à son manque intérieur. La perte le contraint à faire face à ce manque intérieur dont il s'était déchargé, en quelque sorte, sur celui qu'il a perdu. Et il s'y refuse.

Le travail de l'adolescence

L'adolescence est bien proche de ce qui se passe dans un travail de deuil. La puberté se présente comme une poussée impérieuse et incontournable. A ce titre elle a la même dimension « réelle » que la perte du deuil. Cette contrainte du réel, le jeune la vit directement dans les transformations de son corps. Il repère aussi les effets de ces changements sur ses proches, ses parents notamment, qui accueillent ses initiatives avec un sérieux, une gravité, une inquiétude nouveaux. Sous l'effet de cette poussée, l'adolescent met en jeu sa propre logique qui lui permet de témoigner de ce qu'il désire. Il engage ainsi la trame de son identité, et découvre une part de lui-même qui ne lui était pas familière.

Ce qui est particulier à l'adolescence, c'est qu'en même temps que se met en jeu le désir, une expérience de perte s'impose à chacun. C'est la perte du bien-être supposé de l'enfance, la perte de la paix et de la tranquillité du corps, la perte d'une forme de relation aux autres, parents et proches, qui se révèlent « tels qu'ils sont », « incapables » de fournir des garanties évitant l'incertitude du désir. Au contraire, ils sont en proie à des compromis, des embarras liés à leurs manques personnels. Sur ce point, la chute de l'idéal parental se repère paradoxalement dans l'acharnement avec lequel les adolescents tentent de susciter à nouveau, parfois dans la provocation, une image idéale et familière de leurs parents.

L'adolescence est donc marquée par cette exigence double, où l'identité est à la fois engagée dans le désir et mobilisée par une expérience de perte. C'est donc une mobilisation de toutes parts, touchant les incertitudes de l'avenir, mais aussi les garanties du passé.

La dépression à l'adolescence

Les résistances opposées à cette mobilisation de la puberté amènent l'adolescent, comme dans le deuil pathologique, à observer une attitude de retrait et de réserve. Le sujet résiste ; il refuse d'engager son désir dans des choix, des décisions, des projets. Il se trouve surpris par les effets de la puberté, à son corps défendant. Il se refuse d'aller de l'avant et de tabler sur ses ressources fondamentales. De ce fait, il reste dans une position de retrait dont il souffre en exprimant des symptômes dépressifs.

Maxime, 18 ans, vient consulter avec ses parents pour des manifestations dépressives depuis son changement d'orientation scolaire, l'an dernier. Il a été dirigé dans une filière technologique, et cette orientation ne lui convient pas. Depuis ses 12 ans, Maxime multiplie les manifestations qui mobilisent ses parents : vols à la maison, usage de haschich et depuis un an, des affrontements de plus en plus violents avec les siens, au point d'en venir parfois aux mains ! Mais ce sont surtout ses problèmes scolaires qui préoccupent ses parents. Ils partagent la déception de Maxime par rapport à son orientation, le trouvent intelligent et astucieux. Ils ont tenté de l'aider à résoudre ses difficultés scolaires. Maxime se prêtait volontiers aux exercices de maths et de physique de son beau-père. Il obtenait d'assez bons résultats ; pourtant, en classe, les notes ne reflétaient pas ce niveau.

Le père de Maxime est mort accidentellement quand il avait 5 ans. Sa mère a rencontré son mari actuel quelques années plus tard. Ils ont été très attentifs aux enfants, dont Maxime, dans leurs choix conjoints, et dans leur décision de se marier. Pourtant, les problèmes scolaires du garçon et ses affrontements à l'autorité datent de cette époque. Il avait alors 12 ans. En raison du décès du père et de sa tristesse, sa mère a toujours eu beaucoup de mal à le sanctionner. De son côté, le beau-père souligne sa difficulté de trouver une place d'autorité dans ce contexte.

Mais il y a un point-clef: conformément à ses souhaits, le papa de Maxime a été incinéré. La grand-mère paternelle a tenu à ce que l'urne des cendres soit conservée dans l'appartement de sa bru. Cette situation a duré jusqu'à cette année où la fille aînée, quittant la maison, a exigé un lieu spécifique pour les cendres du père. Cette décision s'applique dans les jours qui suivent mon premier entretien avec le garçon. L'absence d'un lieu spécifique pour les cendres du père – hors de la famille pour marquer une coupure d'avec le mort – empêchait Maxime de réaliser son travail de deuil. Sa sœur aînée ressentait sans doute une difficulté analogue. Ce deuil impossible fixait l'adolescent dans le culte de son père et de sa mémoire. Il lui fermait la possibilité de se référer à ses propres repères. Ce frein s'est manifesté par son état dépressif, puis par son impossibilité d'être efficace dans ses études et sa pensée. Lors de nos premiers entretiens, Maxime exprime la charge incessante et confuse de ce poids. Il en a pris conscience récemment, suite au départ de sa sœur et du malaise dont elle avait fait part à l'ensemble de la famille.

La dépression comme symptôme

Ces manifestations dépressives de l'adolescence ont une portée symptomatique. Des situations très particulières, telle la mélancolie ou la psychose, relèvent de l'appréciation d'un spécialiste. Dans ce cas, les formes les plus graves de la dépression peuvent atteindre le rapport même à la réalité, ou laisser encourir un risque suicidaire important.

En dehors de ces dépressions graves qui sont rares, les manifestations dépressives témoignent, dans notre monde actuel, de l'effet conjoint de deux facteurs : d'abord la défaillance des instances symboliques, qui prive chacun d'un repère auquel se référer dans l'incertitude de son désir ; ensuite, l'attrait exercé par la logique de consommation, qui entretient le leurre que ce après quoi chacun court pourrait se réduire à un objet appropriable. Les manifestations dépressives appellent la vigilance. Elles suggèrent que quelque chose manquerait... Or, si quelque chose manque, c'est que l'adolescent puisse engager et exprimer son désir, ce qui justifie parfois le recours au psychanalyste.

Adolescence et dépersonnalisation

Comme étranger à soi-même

L'adolescence entretient un lien spécifique avec l'expérience de dépersonnalisation puisque le franchissement de cette période conduit chacun à lier son identité au désir sexuel, ce domaine interdit d'accès dans l'enfance. Ceci le décentre de ce qui faisait jusqu'alors son assise, c'est-à-dire sa personne [8], et qui tient en partie à l'adaptation aux exigences des parents. Ce décentrement est, littéralement parlant, une expérience de dé-personnalisation. Elle prend parfois une grande ampleur, chargeant les manifestations de souffrance d'une intensité dramatique. La dépersonnalisation est une expérience de trouble, de vacillement de l'identité, vécue dans un désarroi profond. Celui qui l'éprouve en a conscience, sans que cette conscience influence son état. Ce qui augmente son désarroi. La dépersonnalisation amène l'individu à s'interroger sur ce qui l'anime et qu'il vit comme étranger à lui-même.

> « *Mes mains tremblaient ! On avait donc bu cette eau ? Qui ? Moi, sans doute ? Ce ne pouvait être que moi ! Alors, j'étais somnambule, je vivais sans le savoir, de cette double vie mystérieuse qui fait douter s'il y a deux êtres en nous, ou si un être étranger, inconnaissable et invisible, anime, par moments, quand notre âme est engourdie, notre corps captif qui obéit à cet autre, comme à nous-mêmes, plus qu'à nous-mêmes. Ah ! Qui comprendra mon angoisse abominable* [9] *?* »

8. La personne, du latin *persona*, c'est aussi l'apparence, le masque.
9. Guy de Maupassant, *Le Horla*.

La dépersonnalisation de l'adolescent

Quand l'adolescent est contraint d'abandonner la position de réserve où il se cantonnait, il ne peut formuler son désir que comme quelque chose d'étranger à lui-même. Il ne peut reconnaître ou assumer cette dimension intime. Il reste alors tributaire de ce qui paraît inavouable à ses propres yeux, au regard de l'image qu'il a de lui-même et de l'idéal qu'il y attache. La dimension du désir se manifeste dans la vacillation de sa personne, dans l'incertitude d'une apparence à laquelle il s'agrippe. « Quand ça allait pas, je me regardais dans la glace et je me demandais qui c'était. Je ne me reconnaissais pas ; un truc complètement indéfinissable qu'on peut pas expliquer. Je voyais quelqu'un dans ses pensées, je me regardais moi-même comme si je voyais quelqu'un d'autre. »

Les réserves à l'égard du désir et son aspect inavouable peuvent avoir plusieurs causes :

L'accession à la sexualité se fait au terme d'une période de latence. Pour chacun, la mise en veilleuse de la pulsion sexuelle pendant l'enfance s'est faite sous l'effet de deux renoncements : le renoncement au désir incestueux, qui a été rejeté dans l'inconscient ; l'attente d'une satisfaction différée, promise à l'avenir. A l'adolescence, le sujet découvre que l'accès à la sexualité, dans ce « plus tard » arrivé, reste encore marqué par les exigences initiales du véritable renoncement. La difficulté de ce passage est renforcée par l'absence, dans notre société, d'actes initiatiques donnant de la valeur à un tel passage, et par l'écart qui s'élargit entre l'émergence de la puberté et l'accession par l'adolescent à une responsabilité pleine et entière.

Ce qui est inavouable peut porter sur ce que l'adolescent découvre de ses parents, qu'il imaginait bien différents. Il les découvre pris par les mêmes envies que lui. Cela le déçoit.

> « *Luca pensa que le monde, en la personne de sa mère, de son père, de ses professeurs, de ses camarades, le voulait bon fils, bon élève, bon camarade, bon garçon ; mais lui n'aimait ni le monde ni ces rôles qu'on voulait lui faire jouer, et il devait désobéir*[10]. »

Par ses critiques acerbes et répétées à l'égard des parents, l'adolescent maintient dans son esprit le souvenir ancien qu'il avait d'eux. Ou bien il reprend à son propre compte les exigences idéales qu'il leur attribuait, en s'imposant ou en imposant celles-ci à ses proches sur le mode tyrannique.

Enfin, par son caractère imprévisible et inconnu, l'émergence de la puberté vécue dans le corps favorise ce type d'expérience. Pour les parents, il importe d'être vigilants et de bien se garder de réduire à une dimension péjorative et maladive ces temps de dépersonnalisation, qui témoignent de la réserve de l'adolescent à l'égard de son désir.

Un partenaire en miroir

La dépersonnalisation peut survenir chez l'adolescent quand le choix d'un partenaire amoureux se fait en miroir, dans la recherche d'un autre identique à lui. Amoureux d'un autre pareil à soi, le jeune se met à l'abri

10. Alberto Moravia, *La désobéissance*.

des incertitudes et des risques du désir. La dépersonnalisation arrive quand une parole de l'autre dénonce ce qu'il s'efforce de cacher à ses propres yeux.

Charlotte, 20 ans, présente un état de dépersonnalisation et d'angoisse. Depuis quelques semaines, elle est partagée entre des crises d'angoisse, des mouvements de violence à l'égard de sa mère – mouvements qu'elle se reproche et sur lesquels elle reste très discrète dans un premier temps –, et des phases où se mélangent en elle des sentiments d'étrangeté et d'irréalité. Ces moments de désarroi sont ponctués d'appels téléphoniques impulsifs de la jeune fille à sa mère, de véritables appels à entendre sa parole. Mais quand sa mère arrive, Charlotte fond en larmes ou se met en colère. Dans ces moments de crise, elle est saisie de pensées insistantes dont elle ne peut tout d'abord rien dire, tant elles lui semblent insaisissables et irritantes. Elle se dégage de cette lutte intérieure par des périodes qu'elle qualifie de « laisser-aller ». Son sentiment de dépersonnalisation est lié à une remarque récente de son ami Loïc, qui a dévoilé la trame de leur relation. L'affection de Charlotte pour Loïc s'inscrit dans une suite de relations amoureuses. Ces relations la rassuraient et la soulageaient de son angoisse permanente. Pourtant, elles la laissaient partagée entre la jubilation de la présence de l'autre et l'impossibilité totale de lui parler. Peu à peu, la jeune fille se rend compte, en psychanalyse, que tous ses amoureux ont un dénominateur commun : ils se prénomment Loïc, comme son frère. Ce prénom renfermait une part de sa propre identité, qu'à défaut de reconnaître comme sienne, elle recherchait chez ses partenaires successifs.

Sa crise de dépersonnalisation récente tient en partie à ce que Loïc lui ait dit dans un moment de tendresse : « Tu es comme ma sœur », lui adressant, sans s'en rendre compte, ce message inversé : « Je suis comme ton frère ». Il dévoilait ainsi la place de frère substitutif qu'il occupait pour elle et révélait ainsi, à demi-mot, l'attachement de Charlotte pour ce frère trop aimé.

L'angoisse

L'angoisse est une manifestation affective désagréable, analogue à la peur qui surgit sans cause apparente chez un individu, dont elle saisit et paralyse l'identité. La part incompréhensible de son apparition favorise sa dramatisation et le sentiment d'impuissance des proches.

« Rien ne manque »

On peut relier très directement l'angoisse au manque. Freud a successivement considéré l'angoisse comme secondaire à la rétention d'une énergie sexuelle détournée de sa fin [11], puis comme le signal d'un danger qui préviendrait l'individu d'un risque plus éprouvant encore [12]. Pour Lacan, l'angoisse est l'expérience d'une absence de manque [13]. L'identité de chacun est centrée, par un effet du langage [14], sur un manque fondamental qui fait exister le désir. L'adolescent qui tâtonne dans ses

11. Sigmund Freud, *Métapsychologie.*
12. Sigmund Freud, *Inhibition, symptôme et angoisse.*
13. Jacques Lacan, *L'angoisse*, séminaire de l'année 1962/1963.
14. C'est parce que l'on s'engage dans le langage qu'il y a manque.

choix pour tenter de saisir ce qu'il désire vraiment fait l'expérience d'une forme de manque intérieur. Il peut éviter ce manque en le comblant de bien des manières ; soit par l'appropriation et la consommation d'objets qui font office de leurres ; soit par la plénitude factice de liens à d'autres, identiques à lui-même, qui le confortent dans un amour de soi illusoire. Il s'agit en tout cas du refus de se confronter au manque intérieur.

L'angoisse surgit quand, dans l'évitement du manque, survient un élément qui révèle cette « absence de manque » ! Elle surgit à partir de l'excédent de satisfactions substitutives, du « trop ». D'une manière ou d'une autre, l'adolescent est étouffé, submergé, éteint par ce « trop » de choses consommées, ce « trop » de relations où l'autre n'est pas reconnu ; l'angoisse en est le signe.

Violaine a 20 ans. Elle est rivée à sa mère ; depuis longtemps, elle se voue totalement à elle et renonce à sa propre affectivité. Pour lui faire plaisir, sa mère pousse ses frères et sœurs à lui faire organiser une petite fête pour ses 21 ans. Du coup, Violaine se trouve paralysée d'angoisse. Ce projet maternel, à qui elle est inconsciemment assujettie, exclut son initiative et son désir. Cette exclusion se fait au nom de son bonheur et de son plaisir ; elle ne peut donc pas s'en plaindre. Seule son angoisse manifeste ce manque de désir dans sa vie. Elle rencontre les mêmes difficultés quand sa mère l'emmène faire des courses pour lui offrir des vêtements de qualité. Là encore, apparemment pour son bien. Dans ces choix vestimentaires, Violaine se trouve acculée au silence. En contrepartie de ce refoulement du désir, elle a des crises d'angoisse dans les boutiques, qui interrompent brutalement le *shopping* et gâchent tout le plaisir que sa mère en retire. Violaine est étouffée par le « trop » de sollicitations et de cadeaux de sa mère.

Quand les parents répondent « trop » à la demande

Souvent, l'adolescent angoissé participe à une organisation familiale ou sociale qui favorise cette fuite du manque. Un travers de la « compréhension » et de la « psychologisation » est de cultiver l'économie du « don ». Il s'agit de toujours donner à l'enfant, puis à l'adolescent, ce dont il a besoin. Ce mouvement va dans le même sens que l'économie de marché. Mais il va surtout à l'encontre d'une logique propre au désir, puisque c'est le renoncement à la satisfaction immédiate qui fait exister le désir. Ainsi, pour des parents, l'important n'est pas de donner selon les besoins, mais au contraire de refuser de donner ce qui est demandé, puisque ce qui est désiré, c'est justement ce qui n'est pas obtenu, ce qui reste interdit, inaccessible. Il s'agirait plutôt que le don des parents soit « un don du non » ! Mais à radicaliser les choses ainsi, on ne va pas dans le sens du monde actuel...

Gildas, 18 ans, vient consulter avec ses parents. Il se plaint de crises d'angoisse et, de ce fait, n'arrive jamais à s'endormir avant deux ou trois heures du matin. Gildas est enfant unique. Il a interrompu ses études à la dernière rentrée scolaire, au début de son redoublement en classe de Seconde. Depuis, il fait des petits boulots. Sa scolarité a été difficile : dès son plus jeune âge, il a contesté l'autorité des professeurs et s'est montré insolent. Ses parents ont toujours évité d'en tenir compte, tout comme ils se sont efforcés d'éluder les questions d'autorité à la maison. Ils ont plutôt écouté les critiques de leur fils sur les méthodes professorales et l'ont souvent changé d'école. Ces changements d'institution entretenaient l'illusion de Gildas : l'environnement était responsable de son échec scolaire et disqualifiait toute autorité enseignante. L'adolescence venant, tout a été fait pour éteindre les tensions : ses parents louent pour lui un studio. Gildas vit néanmoins toujours aux crochets du frigidaire familial, et fait de menus larcins dans le portefeuille parental pour allonger son budget. Un tel fonctionnement familial a fait surgir l'angoisse de Gildas. Il a déjà rencontré de nombreux psychologues, psychiatres, psychanalystes. Ces démarches s'arrêtent dès que surgit une difficulté dans l'échange.

Cependant, la confrontation du garçon au monde de l'emploi rend dorénavant impossibles ces évitements répétés. Les exigences de travail le forcent à affirmer un peu de lui-même dans la réussite, la régularité, la fiabilité. Il doit faire appel, en lui, à ce qui fait le fond de son identité et qui lui est si peu familier. D'où ces moments d'angoisse, qui le poussent à voir un nouveau psy. Pourtant, ces accès d'anxiété ont un versant fécond, car ils sont pour lui des temps où il est saisi de l'intuition d'un franchissement possible, dont il se garde jusqu'à présent.

Quand l'angoisse paraît si liée au fonctionnement familial, il est difficile de permettre à l'adolescent de se dégager des bénéfices qu'il tire de la « complicité » du lien à ses parents. L'angoisse, par son côté douloureux et dramatique, peut avoir la vertu d'imposer une distance par rapport à ce fonctionnement convenant à tous. Dans cette distance, le jeune peut prendre à son compte un manque nécessaire à son évolution personnelle. Les parents doivent rompre avec le rêve qu'ils nourrissaient pour leur enfant. C'est sur ce point qu'une aide extérieure peut aussi se révéler nécessaire pour eux. Une solution s'avère impossible si la complicité réciproque de l'adolescent et de ses parents se maintient.

La logique de l'économie de consommation désamorce la nécessité du manque. Elle alimente l'illusion qu'il pourrait ne pas y avoir de manque. Ce type de contradiction se manifeste dans l'angoisse appelée « angoisse sociale » ou « phobie sociale ». L'angoisse surgit dans ces lieux sociaux où le manque ne doit pas exister... Ainsi, Nicolas reste enfermé chez lui le plus clair de sa vie, au point qu'il a dû interrompre pour un temps ses études. Il redoute les confrontations au monde extérieur : « On va me voir ! » C'est un énoncé bien ambigu, puisqu'il confond, dans la vie sociale, le rapport aux autres passant nécessairement par le regard, et la crainte qu'un regard puisse lire en lui son subterfuge : fuir les failles et le manque qui le constituent. Nicolas dénonce du même coup, à son insu, l'importance exagérée du regard dans la vie sociale actuelle.

Tensions de la sexualité

> *« Il y a une chose qui me tracasse, quand même maintenant j'ai presque seize ans, et je n'ai toujours pas embrassé de garçon, fait l'amour encore moins, ça ne doit pas être normal, il n'y a pas eu une seule fois*

où un garçon m'a demandé de l'embrasser... Pourtant je ne suis pas si moche, il doit y avoir quelque chose en moi qui empêche les garçons d'avoir envie, je ne sais pas quoi, c'est sûr qu'être bonne en maths, ça n'aide pas, c'est ridicule mais les garçons ça leur fait peur, enfin ça n'est pas marqué sur ma figure, que j'aime ça... Pourtant je ne suis pas bûcheuse, j'aime rigoler, je ne suis pas sérieuse volontairement, enfin je ne sais pas, il y a un truc qui est mal fabriqué, je crois, je n'arrive pas à être comme les autres. Peut-être que c'est à cause du milieu dans lequel je vis[15]*...* »

Dans notre monde, la sexualité est source de tensions, sinon de souffrances, parce qu'elle demeure un lieu où s'exerce la différence, à condition de ne pas la réduire à ce qui est régulièrement exhibé sur la scène sociale ou dans certains articles de presse. L'adolescence est une période de la vie où l'absence d'autonomie maintient chacun dans la dépendance. Cette dépendance est difficile à supporter pour les adolescents car les sollicitations économiques alimentent constamment l'attrait d'une indépendance immédiate. Elle complique les difficultés qui occupent chacun pour trouver l'assise d'une position sexuée d'homme ou de femme. La peur de ne pas être « comme les autres » s'ajoute à ces questions.

Le masculin et le féminin

Tous les êtres, hommes ou femmes, sont soumis au renoncement fondamental où parler, c'est renoncer au lien direct avec les choses. Ce renoncement laisse en cha-

15. Béatrice Hammer, *La princesse japonaise.*

cun une trace d'incomplétude à laquelle il cherche un apaisement. Le fantasme, comme un fragment de rêve, permet à chacun de figurer d'une manière illusoire ce qui permettrait de faire disparaître cette tension. Cependant, la position que prend chacun vis-à-vis de ce renoncement initial le situe différemment comme homme ou femme.

Comme homme, l'adolescent se situe directement dans l'axe de son identité. Il s'engage tout entier, sans concession, dans la logique que lui commande son manque intérieur. Cela donne à ses propos une tonalité d'intransigeance, de tranchant, de détermination. Le garçon adolescent cherche alors chez la femme l'objet de son désir, dont son fantasme lui offre une figuration. Charge qui s'avère pour elle souvent difficile à porter.

> « *Ce fut une secousse... une apparition... Il mit les mains à ses yeux pour écarter un songe... Eh bien oui, cette fois, il l'avait bien reconnue, et de toute évidence, ce teint, ces yeux... c'étaient les mêmes*[16]. »

La position féminine est davantage une position de retrait, décalée par rapport à l'affirmation de son identité. Elle manifeste une certaine réserve par rapport à toute manifestation trop exubérante ou tranchée du désir, qui risquerait de paraître « hystérique » ou masculine. C'est rechercher, dans le désir de l'homme qui s'adresse à elle, des indices de son manque intérieur à lui. On voit donc comment la féminité se pose, à l'adolescence, comme doublement décalée, à la fois vis-à-vis de son

16. Georges Rodenbach, *Bruges-la-Morte*.

identité propre – la certaine réserve déjà évoquée – et dans un lien « en creux » par rapport à celle du garçon.

> « *Depuis que ses bras se sont refermés sur moi, j'ai l'impression que les autres hommes me voient différemment.*
>
> *En classe, il y en a qui se mettent à m'écrire des déclarations, alors qu'avant ils n'en avaient que pour Sophie, même ses frères se mettent soudain à s'intéresser à moi, c'est amusant, pourtant moi je sais bien que je n'ai pas changé, même si Marie me dit que j'ai les yeux qui brillent et que j'ai embelli*[17]. »

Tenir sa place d'homme ou de femme

Pour l'adolescent, se situer en position d'homme, c'est pouvoir affirmer son désir, ses choix, en tenant compte de la foncière dépendance dans laquelle il se trouve toujours à l'égard du monde adulte. Quand le garçon reste en retrait à l'égard de son désir, il manifeste un mélange de réserve et d'inhibition, associé à la mise en avant d'aspects intimes dont il ne veut paradoxalement rien savoir. Quand il manifeste plus directement sa détermination, il demeure tributaire d'un aîné, d'un professeur, d'un maître ou d'un père à même de reconnaître cette affirmation. Il passe alors par une alternance de révoltes, de revendications et de tristesse dépressive vis-à-vis de cette dépendance à laquelle il ne peut rien. S'il réduit l'élan de son désir à l'appropriation sans fin d'objets supposés lui apporter une entière satisfaction, il risque de subir des effondrements dépressifs répétés.

17. Béatrice Hammer, *La princesse japonaise.*

Pour l'adolescente, la difficulté à devenir femme – en retrait et en réserve – peut la conduire à rester dans le fil de ce qui gouvernait ses apprentissages. Elle continue à s'investir dans ses études et repousse les questions de sa place de femme. Cette manière de différer ces interrogations entraîne souvent l'échec ultérieur de ce projet. L'échec scolaire ou universitaire est souvent un mode d'émergence des questions féminines par défaut. Il est fréquent que ces questions resurgissent au terme d'un cursus sous forme de symptôme, par exemple dépressif, ou paradoxalement lors d'un succès.

Lola est fille d'enseignants. Elle a toujours été une bonne élève sans problèmes. Elle a réalisé le rêve le plus cher de ses parents en intégrant une grande école prestigieuse. Depuis son admission, elle est en échec. Elle est inefface, déprimée, et fuit les cours. Elle ne se voit plus aucun avenir. Lola perçoit confusément que les études, l'autorité et l'assurance qu'elle tirait de sa réussite représentaient pour elle une promesse de bonheur personnel. Elle supposait que le succès lui assurerait un éclat incontestable dans son rapport aux hommes. Etre de « telle » école lui permettrait d'accéder aux hommes, jusque-là soigneusement évités. Depuis son admission, elle se sent flouée : elle ne se retrouve plus dans le succès. Privée d'une assise vraiment personnelle pour se confronter aux questions de son identité de femme, elle éprouve un grand désarroi.

L'adolescente peut aussi tenter de s'appuyer, comme femme, sur les repères de son « ami ». Elle se trouve alors confrontée aux difficultés d'identité de ce conjoint adolescent.

> « *Il était là, tout fier, à me montrer tout ça, ça me touchait beaucoup, mais je savais que je n'avais pas exactement l'attitude qu'il aurait fallu, je ne faisais pas ce qu'attendait Jean. Je pense qu'il aurait voulu que je rie, que je m'exclame, que je batte des mains, enfin quelque chose pour montrer combien j'étais heureuse. Je pense aussi qu'il aurait voulu que je dise comme ta mère est gentille, tes frères mignons, mais je ne pensais rien de tout ça, alors je n'ai rien dit... [sa mère] est tellement présente, tellement là, elle le traite comme un petit garçon, et lui il a l'air d'aimer ça, alors, insidieusement, un peu plus chaque jour, Jean-mon-amour est en train de se transformer, de devenir Jean-le-fils-à-sa-maman, et celui-là, je ne peux pas l'aimer. Quand j'essaie de lui en parler, il ne veut pas comprendre*[18]... »

Les malentendus du sexe

On voit donc que ces repères concernant l'identification sexuée amènent à reconsidérer le discours courant. Se déterminer comme homme ou femme ne tient nullement à l'identification à un modèle, qu'il soit masculin ou féminin. Bien plus, nous pouvons justement relever plusieurs conséquences de tout ceci :

Tout d'abord, la position d'un homme est directement dans l'affirmation de sa subjectivité, c'est-à-dire dans l'affirmation directe de ses choix et de ses désirs. Cela

18. Béatrice Hammer, *La princesse japonaise.*

n'est pas spécifique à l'homme, mais bien spécifique d'une position d'homme, qu'une femme peut aussi venir occuper. Mais, du coup, elle n'intervient plus là comme femme. De ce fait, nous avons un éclairage sur les questions actuelles qui touchent la terminologie des fonctions sociales. Une fonction assumée par une femme doit-elle être désignée par un terme féminin ? Ce que nous a transmis la langue, c'est justement que le masculin est lié à la place symbolique, à la fonction. Qu'un être féminin occupe cette fonction est tout à fait possible, mais il n'est plus dans une position féminine. Féminisé ou non, le terme n'évacuera pas cette dimension.

Par ailleurs, pour un homme, toute autre position, toute identification à une image, à une prestance, une personne ou un idéal déplace celui qui s'y engage dans un décalage par rapport à ce qui fait le fond de son identité, et donc dans une position féminine. Cette exigence logique impose à un adolescent, qui veut se placer comme homme, de devoir louvoyer entre ces embûches.

Tout ceci nous éclaire aussi sur les difficultés d'entente entre hommes et femmes – dans lesquelles l'adolescent se lance – : elles ne tiennent pas uniquement à la mauvaise volonté des uns ou des autres, mais aussi à leur position. La différence, radicale, entre hommes et femmes porte sur l'assise de chaque position et sur ce qui, dans le désir, est cherché.

Et le père ?

Le recours actuel à la psychologie pour mieux comprendre l'adolescent conduit à exiger des parents de représenter pour lui un modèle sexué d'homme et de femme, auquel il pourra s'identifier pour accéder au monde adulte. Mais la question n'est pas là. Il s'agit plutôt que les parents puissent tenir leur position de parents. C'est vis-à-vis d'une telle position que l'adolescent se confronte à l'exigence de se situer dans son identité sexuée. Le jeune tient alors compte de ce que sont ses parents, de leurs qualités, mais aussi de leurs travers. Il fait un travail de deuil inévitable sur ce qu'il imaginait de ses parents, idéaux et modèles. Ce point est particulièrement sensible en ce qui concerne le père, avec la démarche qui suscite et recherche un modèle de père, comme pour le phénomènes des « nouveaux pères », censés compenser la défaillance de l'instance paternelle. On confond volontiers, dans cette recherche, différents registres et l'on fait fausse route.

La référence au père est avant tout la référence à un autre dans la tête de la mère. Cette référence permet à l'enfant de constituer sa pensée, dans le renoncement au lien direct aux choses. À l'adolescence, la référence au père se vit dans la liberté de prendre acte des parents tels qu'ils sont, de faire son chemin sur ses propres repères. La référence au père permet de faire le pas, le saut de l'adolescence. Il ne s'agit pas de mimer ou de copier une figure paternelle. La référence n'est pas seulement le père réel, mais le « Nom du père [19] » qui est une instance symbolique venant en position de tiers.

Le travail du psychanalyste avec des parents ne consiste pas à « rectifier » ou à « transformer » les parents pour

19. Terme employé par Lacan pour désigner la fonction symbolique du père. Cf. Charles Melman, *Y aurait-il une question particulière du père à l'adolescence ?*

qu'ils soient conformes à un « bon » modèle. Il vise à leur permettre de se référer aux entretiens comme à une instance tierce, pour parvenir à tenir leur position.

Le corps et le manque

Certaines manifestations de l'adolescence peuvent prendre un tour dramatique, justifiant une aide et des soins spécialisés. Les troubles des conduites alimentaires comme l'anorexie et la boulimie, la toxicomanie en sont un exemple. Mais avant que se développent des situations extrêmes, il est fréquent que l'adolescent introduise dans son rapport au monde le maniement d'aliments ou de produits censés apporter une satisfaction. Le risque est que ses proches et ses parents, se fixant sur la nourriture et le produit consommé, aient l'attention détournée de ce qui se passe ailleurs, et qui est pourtant l'essentiel.

Se nourrir de rien : anorexie et boulimie

Les troubles des conduites alimentaires mobilisent l'entourage de l'adolescent. Les parents se sentent partie prenante dans cette affaire, puisque l'alimentation est une des dimensions vitales dont ils sont garants auprès de leur enfant. L'alimentation ne fait que représenter l'ensemble de ce dont leur enfant se nourrit, de ce qui lui est vital, de ce qui l'anime.

Dans **l'anorexie**, il, ou plus souvent elle, refuse de manger. Cela commence à l'occasion d'un régime pour éviter les rondeurs naissantes de l'adolescence. Elle ne souffre pas de cette restriction alimentaire, mais maigrit. Ce qui inquiète son entourage. Elle se met aussi à l'écart de la table familiale et de ses échanges. Par son maniement de l'aliment, elle proclame que ce qui la fait vivre, c'est un « rien », dont elle se nourrit.

> *« Catherine ne mange plus. Elle est devenue presque maigre, elle qui était trop ronde. Sa mère s'inquiète. Son père l'a traînée chez une psy, il s'imagine que ça suffit pour réparer, que c'est comme ça qu'il va se rattraper... Tout le monde le sait ce qui ne va pas, c'est pourtant simple, pas besoin de chercher si loin, ce qui ne va pas, c'est le monde tel qu'il est, les pères qui partent avec les étudiantes, les mères qui se mettent à boire en cachette, pour ne plus y penser, comme si tout ça n'était pas clair, limpide, comme si on avait besoin d'une psy pour le comprendre, comme si surtout on pouvait changer quelque chose. Catherine dit que depuis qu'elle ne mange plus, elle se sent mieux, elle n'a plus peur la nuit, elle ne fait plus de cauchemars, elle voit tout ça de haut*[20]. »

Le lien à la mère est concerné par le rapport à l'alimentation. L'anorexie est une révolte. La jeune fille refuse l'aliment qu'elle dénonce comme trompeur. La tromperie tient à ce qu'il vient, pour elle, se substituer au libre exercice de la parole pour occuper le vide de la bouche. L'anorexique met alors en scène l'alternative « L'aliment ou rien ». C'est de ce rien qu'elle se nourrit, au désespoir de son entourage. Cette attitude rappelle que c'est

20. Béatrice Hammer, *La princesse japonaise.*

un jeu de sons et de mots qui permet à l'individu d'assumer le vide de sa bouche, comme lieu d'échange avec l'autre ! Quand un bébé ou un petit enfant crie et appelle, sa mère lui parle pour l'apaiser. Par ses mots, elle donne sens et interprète ce qu'elle perçoit dans cet appel. Elle répond par ce qu'elle comprend, par ses propres mots. Elle engage dans sa réponse son être et son désir. Au vide de sa bouche dont il prend alors conscience – car sa bouche n'est pas toujours pleine –, l'enfant substitue les mots donnés par sa mère. Il parle avec ses mots à elle. Quand l'enfant appelle avec insistance de la nourriture, sa mère y répond par la compréhension qu'elle en a. Par conséquent, c'est le langage de la mère, son interprétation et ses mots qui définissent le manque de la bouche, dont témoignent ces cris. L'appel à la nourriture est indissolublement lié à la parole, dès le début de la vie.

Par son refus de l'aliment, la jeune fille anorexique se révolte de ce que sa parole soit prise comme une demande de satisfaction d'un besoin. Elle ne supporte pas non plus la réduction de l'alimentation à un besoin ! Elle réintroduit, par l'absence d'aliment, un « rien » qui se réfère à une dimension de la vie qui n'est pas celle de la vie biologique. Elle ne « dépend » plus de l'alimentation.

Amandine vient me voir avec ses parents pour une anorexie qui parasite la vie de toute sa famille depuis un an et demi. Son anorexie est apparue avec la puberté. Mais ses difficultés psychologiques datent de plus longtemps et ses parents ont consulté à plusieurs reprises, sans suite.

Amandine est l'aînée de la famille. Sa mère s'est toujours inquiétée de sa spontanéité. Elle étouffait ses initiatives pour la faire se conformer à l'image qu'elle souhaitait d'elle, une « bonne petite fille ». La mère se trouvait ainsi coincée dans une position figée, dont la mise en cause entraînait un effondrement dépressif. Cette position de défense de la maman se comprenait par le deuil de son frère aîné adoré, mort accidentellement. Les sentiments mêlés qu'elle portait à ce frère disparu s'étaient cristallisés dans une identification mimétique à lui. La naissance d'Amandine, son premier enfant, avait fait resurgir ce deuil non fait. Elle réveillait aussi la précarité de son identité. Ce deuil masqué et réprimé était réactivé par les sollicitations de l'enfant et la laissait sans mots. Par son refus d'aliments et son anorexie, Amandine devenue adolescente manifestait son attente de paroles maternelles, de mots qui témoignent de la réalité du désir de sa mère. Le silence de sa mère la conduisait à imaginer un désir inavouable dont elle serait l'objet, et stimulait l'avidité de son besoin de réponse. A l'absence de mots de la mère répondait le refus de nourriture de sa fille...

Quelques entretiens communs ont permis à la mère d'amorcer le travail de deuil de son frère perdu. Elle a pu ainsi se réapproprier et assumer un manque dont sa fille aînée cherchait l'indice dans son discours. Amandine a pu mettre en forme sa souffrance sur le mode de demandes explicites, qui n'apparaissaient pas auparavant dans ses conduites alimentaires. Elle a pu saisir une voie pour sortir de l'impasse où elle se trouvait.

La **boulimie**, elle, consiste en l'absorption alimentaire

impulsive et incoercible, suivie d'un temps de malaise et souvent d'une régurgitation des aliments ingérés. Soit elle occupe « le devant de la scène » par sa régularité, soit elle est intermittente, accompagnant d'autres difficultés, ou dissimulée par l'adolescente. La boulimie survient le plus souvent chez les jeunes filles. Elle ne s'accompagne pas de prise de poids.

Dans la boulimie, le désir se révèle à l'adolescente sous la forme d'une pulsion, d'une nécessité impérative d'absorber des aliments. Ce mouvement, étranger à elle-même, n'est provoqué ni par la faim ni par l'envie. La jeune fille ne s'y trouve impliquée qu'*a posteriori*, passé ce temps où, absente à elle-même, elle mange. Le malaise et la honte à l'égard de ce qui s'est passé la conduisent à vomir ce qu'elle a avalé. Cet acte mobilise son corps qui était, jusque-là, hors course.

On voit par quels subterfuges la question du désir se manifeste à l'adolescente boulimique. Elle cède à cette poussée étrangère dans un moment d'absence. Elle n'en saisit la portée qu'après coup. Le lien à son corps se joue dans le rejet de tout ce qui l'a ainsi absorbée. Tout ceci se porte dans un domaine éloigné de la sphère sexuelle. Le mouvement, qui a débuté par une absence de désir, se clôt sur le rejet de ce que l'adolescente a révélé d'elle-même dans l'acte. Cette mise en scène est destinée à combler un manque intérieur, qui n'est qu'évoqué. Restituer, par le vomissement, ce qui remplit est une manière d'évoquer le manque.

Olga, 16 ans, vient me consulter. Elle est amenée par ses parents. Ils viennent de découvrir sa boulimie, qui est longtemps passée inaperçue. Aînée de deux filles,

Olga est en classe de Première et bonne élève. Depuis un an et demi, son intérêt pour les mathématiques ne connaît pas de bornes. Son travail très régulier lui assure le succès, mais absorbe le plus clair de son énergie et de son temps. Elle a peu d'amis et sort rarement. De cette époque d'intérêt scientifique datent ses impulsions boulimiques, qui la font se précipiter fréquemment sur les réserves alimentaires de la famille, et qui lui pèsent.

Olga dit de ses parents qu'il sont très attentifs à elle. Son père, ingénieur agronome spécialisé dans les questions alimentaires, est même enseignant dans ce domaine... Jusqu'à ces deux dernières années, la jeune fille était très proche de lui. Mais une crise dans la vie conjugale de ses parents a brutalement mis fin à cette harmonie. Une liaison du père a provoqué son départ durant quelques mois. Il est parti vivre avec sa nouvelle amie. Puis, mettant fin à cette liaison, il a fini par réintégrer le domicile familial. Depuis le retour de son père, Olga ressent avec malaise ses remarques, ses initiatives, ses compliments. Il fait des commentaires sur sa silhouette, sur la qualité de sa peau et sur son corps. Elle perçoit chez lui une ambiguïté vis-à-vis de sa féminité. Elle se sent confusément mêlée aux femmes qui ont pu, ou peuvent encore éveiller son désir.

L'attitude de sa mère la gêne tout autant. Cette dernière ne supporte pas les marques de féminité de sa fille aînée, qu'elle soit en jupe, qu'elle modifie sensiblement sa coiffure ou fasse preuve de coquetterie. Cette réaction n'est pas seulement liée au comportement de son mari, mais à son propre malaise face à la sexualité. Elle fait à sa fille des remarques sur son apparence avec un ton ironique, caustique, et même grivois et blessant.

Par conséquent Olga, qui paraît assez gauche, se trouve coincée dans toute manifestation de sa féminité, sans bien avoir conscience de ce qui la paralyse. Sa passion pour les mathématiques et le travail intellectuel lui ont permis de déplacer sur un domaine asexué une part de son intérêt et de son dynamisme. Les impulsions boulimiques viennent lui rappeler, à son insu et à son corps défendant, le désir qui la « travaille » et les exigences de son identité. Ceci, sur le registre alimentaire, terrain d'élection de son père.

Tous trois saisissent le bien-fondé d'une démarche de psychanalyse. Celle-ci permet à Olga de repérer précisément ce qui passe dans le malaise qui la paralyse. Peu à peu, elle se familiarise avec elle-même et affirme ses désirs. De ce fait, les comportements impulsifs à l'égard de la nourriture finissent par se désamorcer.

> *« A quatorze ans... j'étais pudique de nature, mais ma pudeur était accrue par la conviction d'être un monstre. Car je suis persuadé que rien n'a une influence aussi marquante sur l'orientation d'un être que son aspect extérieur, et non tellement son aspect extérieur que le sentiment de l'attrait ou du manque d'attrait de la personne*[21]. »

Fuir le manque dans la toxicomanie

La toxicomanie se définit par l'usage d'un produit dont la consommation provoque la jouissance, c'est-à-dire le plaisir, le bien-être et l'apaisement des tensions. Dans notre monde, la logique sans fin de l'économie de

21. Léon Tolstoï, *Adolescence*.

marché prône l'appropriation des objets. La satisfaction directement et uniquement liée à la consommation d'un objet ou d'un produit est à la fois l'aboutissement et la dénonciation de cette logique.

Nous pouvons distinguer différentes situations par rapport aux toxiques : la situation où l'adolescent consomme des produits qui sont d'usage dans la famille. Ce peut être l'alcool, « emprunté » au bar familial ou consommé en société à l'extérieur, ou les médicaments de la pharmacie familiale. Ces pratiques sont clairement un appel indirect lancé aux parents, ou une interrogation sur leur jouissance, leur plaisir voire leurs transgressions. La situation où l'adolescent consomme des drogues dites « douces » ou apparentées – haschisch, marijuana –, étrangères au mode de vie de la famille et du groupe social. Enfin, celle d'une toxicomanie plus marquée, avec l'usage d'héroïne, d'opium, etc.

La découverte par les parents du recours de leur enfant à un toxique a souvent un effet traumatique ; elle est rarement banalisée. « Il se drogue... » Les conditions de cette découverte, par confidence, par exhibition, par dénonciation... éclairent la manière dont le jeune situe cet usage vis-à-vis de ses proches. Il peut chercher à informer ses parents en multipliant les maladresses, en laissant traîner des « preuves » ou bien, à l'extrême, nier l'évidence.

Interrogeons-nous sur les raisons qui font que cette révélation a un tel effet dans la vie familiale. Le plaisir mis en avant par l'adolescent est lié au rapport immédiat au produit. On peut évidemment souligner des différences selon qu'il s'agit de fumer, d'inhaler, de boire, ou de s'injecter le produit par « effraction du corps ». En tout cas, cette démarche d'accès au plaisir – dans un lien direct avec le produit – court-circuite ce qui fait la structure du désir. Le désir se constitue, justement, du renoncement à un accès direct à la chose par la nomination. C'est donc un plaisir qui se situe hors du registre sexuel, et qui désamorce ce qui constitue la sexualité, c'est-à-dire le manque.

La toxicomanie met en cause l'équilibre institué, pour chacun, entre la possession de son corps et la satisfaction qu'il en tire. Quand le toxicomane jouit de son corps à l'extrême, c'est-à-dire jusqu'à l'épuisement de sa substance, il s'en attribue, de fait, la possession. Cela bouleverse l'équilibre du désir, où le sujet peut tirer satisfaction de son corps sans pour autant en être propriétaire. En revanche, rester dans l'équilibre, c'est jouir des « fruits » de ce corps sans y porter atteinte [22].

Enfin, les parents découvrant la « toxicomanie » de leur enfant subissent un « effet d'après-coup ». Ils revoient le film de la vie familiale passée et les différents incidents qui l'ont émaillée. Ils y cherchent ce qui aurait pu éveiller leur attention, leur méfiance, leur suspicion. Cette incertitude et cette interrogation sur le passé s'étendent aux événements les plus récents, dans des mouvements d'inquiétude, d'angoisse soudaine et paniquante, de culpabilité rétroactive et de bouleversement affectif.

Ces mouvements provoquent les interrogations des parents sur l'adolescent et sa pratique : « Que prend-il ? Comment ? Quand ? En quelle quantité ? Qu'est-ce que

22. Jean Perrin, *Suis-je le propriétaire ou l'usufruitier de mon corps ?*

ça lui fait ? Est-ce dangereux ? Peut-il arrêter comme cela ? » Leur confiance, ébranlée par cette découverte, peut les conduire à prôner toutes sortes de vérifications qui auraient pour vertu de réinstituer la fiabilité des échanges, de s'assurer que l'intéressé dit vrai. Mais la confiance ne s'institue pas d'une défiance rassurée. Et certaines attitudes, comme le fait de chercher à prouver par une prise de sang qu'il a vraiment « décroché », frôlent l'absurde. Toutes ces mesures placent l'adolescent en position ambiguë. Il risque de devenir un objet de curiosité pour ses parents, en tant que détenteur d'un savoir, et notamment d'un savoir sur une jouissance inconnue d'eux. Pour certains parents, le rapport de leur enfant à un produit illicite risque de les aveugler ou de les fasciner, à leur insu.

Au cours des entretiens avec les parents, le psychanalyste décèle une succession de transgressions de la loi et de provocations commises par l'adolescent, au fil des ans. Par inattention ou par négligence, elles n'ont pas trouvé de réponses adaptées, ont été perçues par le jeune comme des passe-droits, et ont fini par l'engager dans la surenchère. Là encore, la présence d'un tiers permet d'aider les parents, alertés par la gravité de leur découverte, à faire cette « lecture » *a posteriori*. Ils peuvent saisir la manière dont leur position de parents est sollicitée, et donner sa portée à ce que l'adolescent manifeste de lui-même.

Hugo, 15 ans, vient me voir avec sa mère. Cette dernière n'en peut plus... Depuis deux mois, la tension entre eux est à son comble. Hugo, fils unique, vit seul avec sa mère ; elle s'est séparée de son mari il y a quatre ans à cause de l'alcoolisme de ce dernier. La scolarité d'Hugo a toujours été chaotique. Depuis un an, il a baissé les bras et n'a pas repris les cours à la rentrée scolaire. L'an passé, il s'est mis à fumer du haschisch, d'abord à l'extérieur avec ses copains, puis à la maison. Sa mère ne sait plus quoi faire. Elle a tenté de se montrer ferme, puis est devenue violente face à l'apathie de son fils. En fait, la situation est assez complexe. La défaillance du père, mise en avant, masque à quel point Hugo est accaparé par sa mère. Depuis sa naissance, il souffre d'une malformation cardiaque qui ne sera opérable qu'une fois sa croissance achevée. Hugo est suivi médicalement ; il prend aussi un traitement anticoagulant. Ce traitement contraignant implique de vérifier régulièrement son taux de coagulation sanguine, donc de faire souvent des prises de sang, et d'ajuster les doses de médicaments.

La mère de Hugo est infirmière. Depuis sa naissance, elle s'est chargée de ces soins, et a fini par se substituer à la responsabilité médicale. Petit à petit, elle a confondu la fonction maternelle et la fonction de soins, sans doute dans la visée de réparer une malformation dont elle s'attribuait inconsciemment la responsabilité. Mais de ce fait, elle entretient un rapport intime au corps de son fils. Le garçon a du mal à se dégager de cette emprise, où l'enjeu est vital pour lui, mais dans une logique contradictoire. Sa mère s'est rendue à ce point indispensable à sa santé que s'en écarter par désir d'autonomie mettrait sa vie en danger. Sauf si elle chargeait un professionnel d'assurer, à sa place, la responsabilité technique des soins. Mais elle s'y est toujours refusée.

Les choses sont à ce point nouées entre eux qu'apporter au fils une aide qu'il ne demande pas est voué à l'échec. Sa mère, une fois passé son désarroi, interrogée par moi sur la possibilité de renoncer à sa fonction d'infirmière vis-à-vis de Hugo, se révolte contre cette hypothèse. Elle y voit une véritable intrusion dans sa vie, et une mise en cause de la fonction maternelle.

Le recours de Hugo au haschich pour « apaiser » ses tensions lui offre, pendant un moment, une forme d'équilibre. Il le dégage un peu de l'emprise maternelle. Le haschich joue un rôle d'intermédiaire dans cette relation confondue aux soins ; il représente l'amorce de l'intervention d'un tiers entre eux. Mais il refuse alors de tirer profit d'une telle référence symbolique, qui ne lui est pas familière. On peut aussi supposer que par son recours à un produit, Hugo reprend à son compte le détour par lequel son père « traitait » ses difficultés par l'alcool. Seules les tensions, les crises répétées entre la mère et le fils témoignent d'une gêne dans cet équilibre de vie. Il faudra que le seuil supportable de ces tensions soit dépassé pour que la mère et le fils acceptent de renoncer à ce mode d'échange dispensateur d'un équilibre précaire, d'où tout tiers est exclu...

Les violences à l'adolescence

Le terme de violence traduit la répercussion sociale ou juridique d'un acte qui est, par lui-même, un mouvement d'agressivité. Nous emploierons ce terme dans une grande partie de ces lignes, car il reflète bien le saisissement de l'entourage face à l'apparition d'actes de cette nature. Quand la violence justifie une demande des parents ou de l'adolescent, certains éléments doivent être précisés : la violence peut être une mise en acte collective ou individuelle ; elle peut se jouer dans le domaine public, privé ou familial ; elle peut être dirigée contre soi-même ou contre autrui ; elle peut viser des personnes, des objets ou des biens. Mais qu'est-ce ou qui est visé au-delà de cette cible ?

Nous avons déjà évoqué des manifestations graves de violence comme les tentatives de suicide, ou certains accidents qui ont portée de passages à l'acte ou sont quasi suicidaires. Il peut s'agir d'accidents de la circulation, d'accidents de sport ou de voyage, liés à des défis extrêmes. Intéressons-nous aux modalités de la violence se manifestant au cœur des familles. Ce type de violence entraîne souvent une demande d'aide.

> *« Mme Chasen s'adossa dans son fauteuil et se mit à tambouriner sur l'accoudoir. C'est alors qu'elle remarqua, posée sur son bureau, une lettre qui lui était adressée. Elle leva les yeux et vit, suspendu au plafond, le corps de son fils qui se balançait dans le vide.*
>
> *Elle se redressa.*
>
> *Le corps se balançait mollement, en un mouvement de pendule, et la corde attachée à la grosse poutre de chêne grinçait au rythme de la musique de Chopin. Mme Chasen considéra les yeux exorbités, la langue pendante, le nœud coulant serré autour de son cou bizarrement incliné. [...]*
>
> *– Franchement, Harold, fit-elle [...], tu trouves ça*

drôle ? Je pense que tu as complètement oublié que les Crawford dînent ici ce soir[23]. »

La violence et l'empiétement

Dans une première forme de violence, l'adolescent tente de se dégager d'une relation à autrui dont il se sent tributaire. Il se trouve privé d'un espace propre où faire l'expérience de ses choix et désirs. Cette absence d'espace a plusieurs causes. Elle peut être liée à l'inquiétude de ses parents, à la manière dont ils le maintiennent emprisonné dans leurs rêves et leurs fantasmes. Ou ce sont les sollicitations inconscientes de l'adolescent lui-même qui le gardent assujetti aux désirs parentaux. En tout cas, les parents font inconsciemment intrusion dans la démarche de l'adolescent. Ces empiétements, souvent constitués dans le non-dit, génèrent inévitablement de la violence pour s'en dégager et pour que chacun assume de nouveau sa place propre. Cette situation est extrêmement fréquente ; repérer le siège de cet empiétement permettra très vite de désamorcer une violence qui paraissait inexorable.

Dans certaines familles, les adolescents – habitués à ce que les parents aient pris l'initiative de leurs affaires depuis l'enfance – laissent plus ou moins consciemment de telles habitudes se poursuivre plutôt que de faire entendre leurs souhaits. Par leur retrait, ils laissent la place vacante aux parents, heureux de se sentir encore utiles. Ceux-ci continuent à exercer une responsabilité « à la place » de leurs enfants. Par la violence verbale ou

23. Colin Higgins, *Harold et Maude.*

physique, l'adolescent les expulse de cette place qu'il leur reproche d'occuper indûment. Il a beau jeu de leur reprocher cette intrusion et cette initiative... puisqu'il n'a rien demandé. Il peut dénoncer leur responsabilité à le maintenir dans l'impuissance.

Pour les parents, il importe de déchiffrer ces manifestations de violence comme un appel à une certaine abstention de leur part, en dépit de l'effort que cela peut leur coûter.

La violence, la place et la loi

La violence peut aussi être l'expression de la quête d'une limite et de repères solides. Cette violence est moins une violence défensive qu'une violence dont l'adolescent a l'initiative. Dans les situations d'empiétement, les parents se plaignent de la susceptibilité de l'adolescent à leurs interventions jugées intrusives : « On ne peut rien lui dire », « Elle prend tout mal ! » Ici, le jeune cherche plutôt, par la violence qu'il déploie, à faire réagir ses proches. Les plaintes parentales diffèrent : « Il me cherche constamment ! », ou « Je ne sais vraiment pas ce qu'elle cherche ! »

La violence s'exerce souvent à propos du même motif. Les horaires de sortie et de retour à la maison, les questions d'argent, les loisirs, les fréquentations... Ce faisant, l'adolescent recherche inconsciemment le seuil insupportable, pour ses parents, de son agressivité pour trouver une limite, une butée. Il cherche ce qui lui fait défaut pour savoir où est sa place. On retrouve ici le défaut d'exigences et d'impératifs, le manque de repères précis qui soient affirmés par les parents pour assigner sa place à l'adolescent. Tout ceci l'amène à provoquer la prise de position parentale qui va le remettre, en quelque sorte, à sa place. L'adolescent se sent englué dans l'ambiguïté du rêve des parents sur lui. Par la violence, il ébranle ces rêves et exige d'eux une détermination d'un autre ordre. La portée de cette détermination est de marquer un interdit, une impossibilité.

Ces deux dimensions de la violence se mêlent souvent étroitement. La révolte contre l'intrusion et la revendication d'une place assignée, reconnue et respectée, sont l'envers et l'endroit d'une même démarche.

> « *J'ai comme une envie de tourner le gaz*
> *comme envie de m'faire sauter les plombs*
> *comme envie de t'expliquer comme ça*
> *que ton indifférence, elle ne me touche pas*
> *Je peux très bien me passer de toi*
> *comme envie de sang sur les murs*
> *comme envie d'accident de voiture*[24]. »

Léon a 16 ans, et une sœur aînée. Son père est cadre dans une entreprise, sa mère infirmière. Ils viennent me consulter en urgence. Leur fils a eu plusieurs crises violentes. Dernièrement, il s'est emporté contre eux, puis s'est précipité dans sa chambre : il a enfoncé son poing dans la cloison de sa chambre et a détruit des bibelots auxquels il tenait beaucoup. La répétition de ces crises finit par les alarmer.

Ce type de violence fait suite à l'instabilité scolaire de Léon. Il a des problèmes à l'école depuis plusieurs années, qu'ils n'ont jamais réussi à aborder de front. La fin de

24. Mano Negra, *Pas assez de toi.*

l'année scolaire de Troisième est problématique. Ses mauvaises notes et son indiscipline leur font craindre une exclusion.

Depuis longtemps, Léon se révolte contre tout adulte en position d'autorité. Dès l'école primaire, il s'est montré irrespectueux, provocant, impertinent. Ce comportement est venu progressivement occuper le devant de la scène et parasiter ses apprentissages. L'affrontement au professeur lui laisse peu de souplesse et de perméabilité d'esprit vis-à-vis du savoir de ce dernier. Il s'est fait exclure de plusieurs écoles. Sa mère s'est toujours efforcée de trouver une solution, même en urgence quand le renvoi de Léon s'est produit en pleine année scolaire. C'est elle seule qui s'occupe de sa scolarité. Cette exclusivité tient au retrait du père. Lors de notre entretien initial, cet homme me dit n'avoir jamais réussi à apaiser les inquiétudes de sa femme à l'égard de leur fils. Ses angoisses l'amenaient à faire les démarches à la place de Léon. Il s'y est opposé au début mais, devant l'angoisse et les récriminations de sa femme, a fini par abandonner. La scolarité est donc une affaire privée entre la mère et le fils !

L'an dernier, Léon a souffert d'idées obsédantes qui ont fini par s'imposer à lui, gênant sa vie intellectuelle puis toutes ses activités quotidiennes. Obsédé et troublé par des rituels multiples sur la propreté et le rangement, il s'est confié à ses parents. Ceux-ci ont réagi à leur habitude. Embarrassé pour intervenir sur des manifestations désormais maladives, le père a tenté de les banaliser mais, de ce fait, les a déniées. La mère, elle, s'est approprié le symptôme de son fils ; son angoisse réactivée dans le domaine de la maladie qui est le sien (elle est infirmière) a trouvé un exutoire dans l'activisme développé auprès de Léon. La mise à l'écart du père s'est donc renouvelée, renforçant l'isolement du garçon dans son malaise et faisant le lit des explosions de violence. Ainsi, sa violence se manifeste suivant deux axes : celui du rapport à l'autorité, notamment en milieu scolaire ; et celui d'une absence d'espace, où il est étouffé par l'investissement maternel et privé d'une intervention paternelle, pouvant nuancer les actions de cette dernière.

Ce type de situation justifie de rencontrer les parents seuls. Cela leur permet de saisir les moyens pour se dégager d'une telle impasse, et d'éviter à l'adolescent de se trouver en position de voyeurisme ou de manipulation devant leurs difficultés.

Quelques rencontres avec les parents de Léon ont permis au père de trouver une assurance suffisante face à l'angoisse de sa femme, et à celle-ci de comprendre qu'elle déplaçait sa propre inquiétude sur son fils. Le souvenir de la mort accidentelle d'un frère plus jeune qu'elle introduisait pour elle, dans tout risque, un enjeu mortel. La souffrance de la mort de ce frère restait toujours vive, pareille à un deuil non réalisé. Toute incertitude sur l'avenir réveillait la crainte de ses souffrances passées, et la poussait à tenter de maîtriser le futur, étouffant toute initiative et spontanéité en elle comme en ses proches. Pour le mari, ramener les inquiétudes de sa femme à leur juste valeur la renvoyait à la souffrance de son deuil et le conduisait à se sentir personnellement responsable de cette réactivation. Quand l'enfant est porteur des rêves de ses parents, il est aussi chargé de leurs problèmes irrésolus. A l'adolescence, il tente à son insu de se dégager de cette charge et remet en cause leurs stratégies d'évitement.

Finalement, Léon est exclu de l'école. Ses parents parviennent à rester en retrait. Ce renvoi permet à Léon de choisir son orientation sans que sa mère le fasse à sa place. Peu à peu, il exprime son désir de s'orienter vers les métiers de la photographie. Le projet d'une école spécialisée, pour l'année prochaine, lui laisse le temps de faire quelques stages pour confirmer ou non son choix. Progressivement, Léon s'enhardit à partager avec ses parents ses inquiétudes, et les questions suscitées par ses stages en entreprise. Il parle un peu de son avenir et de lui-même. Du coup, la violence est devenue hors de propos.

Pour les parents, prendre position vis-à-vis de la violence de l'adolescent exige de se garder des réponses en miroir, mais aussi de distinguer leur propre agressivité de la fermeté symbolique nécessaire, qui accompagne toute prise de position.

CHAPITRE V

L'adolescence est-elle un symptôme ?

L'adolescence se trouve être le point de rencontre de plusieurs logiques qui s'affrontent. En ce sens, on peut voir en elle un symptôme. Les multiples oppositions entre les adolescents et leurs parents en sont des illustrations courantes. Nous avons évoqué la contradiction entre la logique du désir qui surgit à l'adolescence, et la logique liée à la quête, à l'appropriation et la consommation des objets de la société contemporaine. Précisons cette idée...

Combien de temps l'adolescence dure-t-elle ?

L'écart entre la puberté d'un enfant et son autonomie s'est progressivement élargi. L'évolution de notre mode de vie a favorisé l'apparition précoce de la puberté ; les changements économiques, eux, ont retardé les conditions d'indépendance des enfants.

La borne inférieure de l'adolescence se rattache à l'apparition de la puberté. Les changements dans le corps de l'adolescent ont une tonalité réelle. Ils sont imprévisibles, incoercibles et irrémédiables. Ces modifications morphologiques sont d'abord directement liées à la reproduction sexuée, touchent les organes génitaux et les caractères sexuels primaires. Puis elles portent sur l'image du corps et les caractères sexuels secondaires. Ces modifications provoquent fréquemment le malaise et l'incertitude de l'adolescent sur son identité.

La borne supérieure de cette période de la vie se réfère aux marques d'autonomie dont fait preuve chacun dans son indépendance financière, professionnelle et affective.

L'adolescence en tant que durée fait actuellement l'objet de perpétuelles réévaluations. La puberté, de plus en plus précoce, se situe à 11 ans actuellement, contre 13-14 ans voici quelques années. Par ailleurs, l'autonomie se réalise plus tardivement, en raison de l'allongement de la durée des études, des exigences du monde du travail et de l'individualisation des modes de vie. Sans doute peut-on prévoir pour les années prochaines un début de vie active qui ne soit pas synonyme d'autonomie, mais qui soit marqué par l'instabilité professionnelle se traduisant par une succession de stages de formation, de postes de statut incertain ou de contrats à durée déterminée. L'autonomie est aussi plus tardive à cause des exigences de confort des adolescents vis-à-vis de leurs conditions de vie. Enfin, certains parents sont réticents à l'idée de se priver d'une forme de complicité avec leurs grands enfants.

Cet état de fait nourrit l'impression que la période adolescente s'étend et se prolonge indéfiniment. Du même coup, notre attention se fixe uniquement sur la dimension temporelle de l'adolescence. Or elle n'est pas que cela...

L'élan de l'adolescence

Le sérieux et la gravité

Nous avons vu que depuis des siècles, la puberté marque le franchissement d'un pas ; l'entourage de l'enfant prenait en compte ce franchissement en l'inscrivant dans la perspective du labeur, du patrimoine, de la lignée. Dans notre monde, ceux qui entourent l'adolescent – les parents, les adultes – lui reconnaissent la possibilité de s'engager peu à peu dans la logique de son désir, notamment pour préparer son avenir professionnel et pour sa vie affective. Ce passage est manifesté par le sérieux et la gravité qui entourent l'adolescent.

Ce sérieux est lié à la dimension irréversible et incontournable de la puberté. Il est sensible dans l'écoute différente des manifestations, des propos et remarques de l'adolescent, tranchant avec l'impératif du discours éducatif qui lui était adressé jusqu'alors.

> « *C'était drôle comme conversation, on aurait dit qu'on était deux adultes, sur le même plan, comme quand je parle avec Marie (mon amie), pourtant lui, il est prof, il me traitait comme si ce que je disais avait de l'importance, comme si je n'étais pas une sale môme en pleine crise d'adolescence*[1]. »

1. Béatrice Hammer, *La princesse japonaise.*

Cette gravité tient aussi à ce que l'adolescent se trouve embarrassé par le côté envahissant de la sexualité. Elle ne demeure pas cantonnée à un secteur bien défini, mais teinte l'ensemble de sa vie intérieure.

Le désir incertain

La difficulté de l'adolescent à préciser ses souhaits tranche avec le sérieux que lui témoigne son entourage. Nous connaissons bien ces propos : « J'sais pas quoi faire, qu'est-ce que j'peux faire [2] ? » Leur font écho les interrogations des parents : « Si au moins il nous disait, si au moins elle savait ce qu'elle veut ! »

De telles expressions dépassent la simple anecdote. Elles sont révélatrices de quiconque se confronte de manière nouvelle au désir. Elles témoignent de sa difficulté à cerner, préciser, énoncer ses souhaits et ses projets. L'adolescent est confronté au fait que l'objet du désir est insaisissable. Les adultes perdent souvent de vue ce point d'expérience commune... Pour peu que nous supposions saisir cet objet après lequel nous courons, il s'évanouit. Tel le phénix, cet animal de la mythologie égyptienne, le désir renaît de ses cendres.

> *« Le garçon avait peut-être vingt ans, et souvent il faisait le ménage avec ses manches relevées. Catherine regardait ses bras, et ensuite sous la chemise elle retrouvait, à l'aisance des mouvements, les muscles qui lui rappelaient des statues dans les jardins publics. Mais Alfred, qui cherchait tous les prétextes pour entrer à l'improviste chez ces dames, n'avait d'yeux que pour*

2. Jean-Luc Godard, *A bout de souffle.*

> *Hélène. Et Hélène ne savait même pas qu'il existait. Hélène dans la rue s'intéressait aux Polytechniciens*[3]. »

L'objet insaisissable du désir

Le fait de passer par le détour de la parole pour tout rapport à une chose est lié au renoncement au contact immédiat à la chose. Ce renoncement initial laisse une marque en chacun, vécue sous la forme d'incomplétude et de nostalgie, qui sont supposées être l'effet d'une perte. L'insistance avec laquelle s'impose cette tonalité de perte nous fait créer un fantasme inconscient, représentant ce qui est supposé perdu. Ce fragment de rêve vient « en plus » correspondre à un « en moins » du renoncement initial. Pour chacun, cet « en moins » est un point particulier, qui figure la cicatrice du renoncement de départ, nécessaire pour parler, mais dont nous ne pouvons rien dire. Cet « en plus » est le fragment de rêve ou fantasme, lié à ce que nous avons de plus cher, puisqu'il nous oriente, dans l'élan du désir, vers ce qui est censé nous apaiser de cette « perte », cette incomplétude.

Le désir est ce qui fait chercher chez un autre une solution, un apaisement au manque suscité par le renoncement initial. Ce mouvement n'est possible qu'en utilisant la figuration de ce manque, par le fantasme ou rêve intérieur. Les artistes et les écrivains ont toujours été sensibles à l'impossibilité de mots pour préciser « l'objet » insaisissable du désir. Un roman classique, *Le grand Meaulnes,* porte une telle intuition. Quand Meaulnes adolescent raconte sa rencontre d'une jeune fille qui va

3. Louis Aragon, *Les cloches de Bâle.*

bouleverser sa vie, il le fait sans pouvoir peindre le portrait de celle qui le trouble tant :

> « *Cependant, les deux jeunes femmes passaient près de lui et Meaulnes, immobile, regarda la jeune fille. Souvent, plus tard, lorsqu'il s'endormait après avoir désespérément essayé de se rappeler le beau visage effacé, il voyait en rêve passer des rangées de jeunes femmes qui ressemblaient à celle-ci... mais aucune de ces femmes n'était jamais la grande jeune fille*[4]... »

A la place d'une description fidèle de la jeune fille apportant un éclairage sur l'émotion suscitée, vient le souvenir. Le souvenir de la rencontre prime la présentation réelle du personnage.

S'engager ainsi suivant son désir conduit au temps de la désillusion. L'aboutissement des projets guidés par le désir dévoile que ce que nous obtenons n'est jamais tout à fait ce que nous cherchions. Ce temps de désillusion est fondamental. Si celui qui en fait l'expérience n'en veut rien savoir, il se précipite dans la quête aveugle et effrénée d'un objet qui vienne combler ce manque. L'adolescence est le temps où l'on découvre la possibilité de s'engager ainsi. L'adolescent trouve ce qui guide son désir en s'y engageant, dans une démarche troublante. Il oscille entre l'incertitude de ce qu'il vise et la désillusion de la satisfaction ; entre le vide intérieur du manque et la déception de la conclusion ; entre l'aspiration de l'attente et l'après-coup de la révélation.

4. Alain-Fournier, *Le grand Meaulnes.*

> *« Elle s'était secouée et l'avait repoussé avec violence, en allumant la petite lampe sur la table de nuit... Sous la faible lumière électrique, il fixait ses cheveux et sa chemise en désordre, son visage transformé, presque méchant, aux lèvres tremblantes et gonflées. Soudain, sa beauté paraissait plus lointaine et obsédante, mais fruste et harassée. L'engourdissement qui l'enveloppait éloignait tout dans le temps : il se sentait spectateur de son propre réveil*[5]*... »*

Les freins au désir

L'adolescence surgit à la fin d'un temps particulier de l'enfance appelé la « période de latence ». Ce temps est privilégié pour toutes sortes d'apprentissages – notamment scolaires et sociaux –, conséquences et bénéfices de l'abandon transitoire par l'enfant de son intérêt pour la sexualité. Cet abandon s'est fait grâce à la promesse que cet exercice est remis à « plus tard, quand il sera grand ». Ce « plus tard » préserve l'amour-propre de l'enfant, mais la privation temporaire à laquelle il consent lui donne aussi l'illusion de pouvoir éviter un renoncement inaugural qui lui désigne sa place, et permet la mise en jeu de son désir.

Par ailleurs, l'incertitude du désir, découverte de l'adolescence, vient décaler chacun par rapport à ce qui gouvernait ses apprentissages pendant la période de latence. La perspective de se hisser au niveau des parents, de s'identifier à eux, justifiait jusqu'alors la soumission aux impératifs de l'apprentissage. L'appropriation par l'enfant de la valeur idéale attribuée à ses parents, puis au maître,

5. Alberto Vivegani, *Un été au bord du lac.*

constituait le développement de sa personne. Le désir et ses incertitudes « recentrent » le sujet sur les manques qui sont au centre de sa vie ; elles ébranlent la sécurité des idéaux de l'enfance. D'où les résistances, voire les refus vis-à-vis du changement. Ce décentrement est désormais sensible dans tous les secteurs de sa vie, et essentiel. L'adolescent est amené à lier son idéal à son désir propre, à un désir reconnu, pour s'affranchir de l'idéal parental. A défaut, il tentera de s'en dégager par l'opposition.

Enfin, pour qu'un adolescent fasse l'expérience de son désir et se familiarise avec ce qui s'y manifeste de lui-même, il faut que son entourage lui en laisse la possibilité, la liberté et l'opportunité. C'est là une évidence fondamentale. La mise en jeu par l'adolescent de son propre désir réveille, chez ses parents, l'incertitude de leurs propres désirs.

L'adolescence comme fait social

Ces dernières décennies, d'importants changements se sont accentués dans la vie sociale. L'économie de marché, l'extension des échanges économiques et la parcellisation du capital ont entraîné la diffusion mondiale des échanges, leur régulation mécanique et l'anonymat des responsabilités. La fragilité du marché de l'emploi a ébranlé les hommes dans l'autorité qu'ils tiraient de leur rôle professionnel, déplaçant de manière tragiquement dérisoire leur efficacité, non plus dans l'exercice du travail, mais dans l'obtention de celui-ci. Parallèlement, l'extension du travail des femmes a profondément modifié leur statut social, en leur accordant l'autonomie financière. Ce qui leur a offert une autorité nouvelle pour faire valoir leurs questions spécifiques.

La défaillance du Père

Il en résulte une modification de la répartition des responsabilités dans les familles. Le père n'est plus l'unique pourvoyeur financier ; il n'est plus, non plus, l'unique référent moral. D'autres facteurs, comme la vulgarisation de la psychanalyse, ont contribué à modifier la trame des liens au sein de la famille. Ces mutations sont en relation avec la multiplication des divorces et séparations de couples, la raréfaction des mariages au profit d'union libres et le développement de familles monoparentales, que ce soit par nécessité ou par choix. D'où un certain désarroi des enfants dans leurs repères d'autorité.

La loi de 1970 [6], instaurant la parité entre les parents dans la responsabilité éducative des enfants, est venue entériner ce fait. Elle a substitué le terme « d'autorité parentale » à celui de « puissance paternelle ». Cette loi visait initialement à préserver le lien de paternité dans les situations nouvelles de procréation assistée et dans les cas de familles monoparentales, où l'enfant de parents non mariés se trouvait uniquement sous la garde de la mère. Mais elle a, en fait, porté un coup à l'autorité paternelle déjà ébranlée, effaçant complètement la disparité des positions entre le père et la mère, alors qu'elle est structurante pour le désir de l'enfant. On pourrait objecter qu'il s'agit de dépouiller l'instance

6. Jean Perrin, « Le droit de la famille et de l'enfant » in *La Psychanalyse de l'enfant.*

paternelle de ses scories de despotisme et d'abus de pouvoir. Il n'en est rien. On assiste plutôt, sous l'effet d'une « perversion sociale », à la revendication d'une parité de places niant la différence sexuée, et à une confusion de registres entre l'instance paternelle [7] et celui qui l'incarne [8].

Cette tendance est illustrée par le film anglais *The Full Monty* de Peter Cattaneo. Dans ce film touchant et actuel, un père au chômage, séparé de son épouse, est sollicité par son fils dans sa « fonction » de père. Il s'efforce de gagner un minimum d'argent pour se voir reconnaître un droit de visite. L'appel du fils finit effectivement par réveiller l'inventivité du père ; le chômeur sort peu à peu de son désarroi. Il n'en demeure pas moins que son projet consiste à créer un spectacle de strip-tease masculin. Voilà un témoignage de la « puissance » paternelle réduite à l'exhibition d'un objet sexuel...

Se référer au « Père [9] » comme instance n'est pas, pour autant, réveiller un culte du père. Le père sert de référence pour la mère en inscrivant leur enfant dans la loi de la filiation. La nomination est un acte qui tranche avec la continuité du lien maternel. Il est l'agent du renoncement inaugural à cette continuité, que l'on désigne comme « castration symbolique ». Le père – en tant que pure instance symbolique et, à ce titre, on parle

7. Le Père comme instance symbolique.

8. Le père « réel ».

9. Là aussi, on ne parle pas de tel ou tel père réel, mais de l'importance du « symbole » paternel aidant le jeune à se structurer.

du « Nom du Père » ou de « mort du père [10] » – représente ainsi la référence à un impossible, qu'impose au sujet l'épreuve du premier renoncement. Il prend toute son importance d'être « mort », inaccessible, et de témoigner de l'impossible.

La défaillance de « l'instance paternelle » est très sensible actuellement. La distribution des responsabilités se fait dans le sens du morcellement, avec une limitation de toute initiative individuelle au profit d'intérêts corporatistes, collectifs ou universels. Le développement des redistributions sociales (allocations et prises en charges diverses) va de pair avec un tissu social plus serré, au prix de règles et d'impératifs d'ordre administratif dont l'initiative et la responsabilité individuelles sont exclues.

La seconde raison tient à la mise en cause de ceux qui sont en demeure de tenir une position symbolique dans le social, les « grands de ce monde », qu'ils soient responsables dans le politique, maîtres dans l'enseignement du savoir ou guides écoutés dans l'ordre de l'éthique et de la morale.

On assiste, de fait, à la dénonciation de malversations diverses qui accompagnent les signatures de contrats industriels, ou la gestion des partis politiques. Les journaux révèlent les frasques sexuelles de tel ou tel responsable, voire ses perversions. La multiplicité des mises en cause juridiques récentes dénonce et exhibe les défaillances

10. Expression de Sigmund Freud dans *Totem et tabou.* Il y a lieu de distinguer le « père mort », qui peut alimenter le culte du père, de la « mort du père » qui désigne le renoncement de chacun à compter sur la toute-puissance illusoire de ses parents.

morales de ceux qui occupent des places symboliques, et ébranle l'assise et l'autorité de leurs fonctions. Il est frappant de constater que ces dénonciations portent justement sur le rapport de ces responsables à des objets de satisfaction, argent, marques de pouvoir, sexualité, etc., dans les malversations financières, les prises d'intérêt illégales et les abus sexuels. La procédure juridique qui les touche a pour effet de confondre leurs déboires personnels avec leur position d'autorité, qu'elle disqualifie.

Enfin, cet éparpillement de la responsabilité, cette défaillance des responsables s'accompagnent de l'effondrement des idéologies. Désormais, les orientations des dirigeants sont régies par l'écho qu'ils ont de celles-ci à travers les sondages d'opinion. Ce n'est plus la parole qui engage celui qui la profère parce qu'il la pense nécessaire, avec le risque qu'elle déplaise au plus grand nombre. C'est le souci d'obtenir la confirmation des suffrages qui guide les tâtonnements des propos, au fil des échos rapportés par les sondages.

Une société « pervertie » ?

Actuellement, on constate le risque que se désamorce la spécificité du désir, dans le côté insaisissable de son objet. Ce dernier se trouve « réduit » à être un objet scientifiquement cernable, ou économiquement consommable.

Il ne s'agit pas de se plaindre des effets de la science ni de ses avancées, notamment par les bénéfices qu'elle apporte à notre vie quotidienne. Mais ces avancées et ces succès mêmes tranchent avec le désarroi social et engendrent une fascination. La démarche scientifique consiste, pour pouvoir manier des objets, à les intégrer dans des calculs. Tout objet est réduit à un modèle susceptible d'être « mathématisé » ; par conséquent, il devient défini et cernable. La fascination exercée par la science et son efficacité alimentent le leurre que l'objet du désir pourrait, en observant une démarche analogue, être cernable.

Les adolescents, en proie à l'incertitude, y sont particulièrement sensibles. Ils en subissent des effets par la manière dont ils s'investissent dans le savoir. Nous avons vu que leurs apprentissages sont jusqu'alors guidés par la seule référence à l'idéal. Par là, ils peuvent se défendre des incidences du désir, de la connaissance d'eux-mêmes dont la maîtrise leur échappe, et continuer imperturbablement à s'investir dans le domaine du savoir et des études. Ils supposent que ce recours au savoir permettrait de faire l'économie de l'incertitude du désir.

Pomme a intégré une grande école. Elle y a accédé au prix d'un travail régulier, inscrivant son projet dans le « rêve » de ses parents. Elle suit le cursus de son père, enseignant en mathématiques. Récemment, elle s'est effondrée. Triste, incapable de réfléchir, elle n'a pu formuler ses pensées pour décrire, par écrit, ses perspectives personnelles pour un travail de recherche. Elle s'en est trouvée incapable, paralysée par un « blanc » complet. Cet effondrement brutal l'amène à demander de l'aide.

Elle réalise alors que l'exercice qui lui était demandé sollicite son initiative, sa création personnelle, son désir propre. A son insu, elle a toujours cru pouvoir compter sur son assurance, son aisance et ses bons résultats scolaires en mathématiques, qui sont l'affaire du père. L'exigence de témoigner d'elle-même prend Pomme au dépourvu. Cela la prive de ses repères familiers. Elle est habituée à se calquer sur le désir d'une instance adulte, l'école, et sur ce que cette instance est censée attendre d'elle.

> « *Je sortais à peine de ma chambre ; pour ne pas perdre de temps, je prenais mes repas debout ; j'étudiais sans arrêt, sans récréation, presque sans sommeil. Il en était de moi comme de ce prince de conte oriental qui, brisant l'un après l'autre les sceaux posés sur les portes de chambres fermées, trouve dans chacune d'elles des monceaux toujours plus gros de bijoux et de pierres précieuses, et explore avec une avidité toujours plus grande l'enfilade de ces pièces, impatient d'arriver à la dernière. C'est exactement ainsi que je me précipitais d'un livre à un autre, enivré par chacun, mais jamais rassasié : mon impétuosité était maintenant passée dans le domaine de l'esprit. [...] J'économisais sur mon sommeil, mes plaisirs, mes conversations, sur toutes formes de distraction, uniquement pour mieux profiter du temps dont, pour la première fois, je comprenais tout le prix*[11]. »

Cette fascination pour « l'objectivation » mise en jeu dans les études est si forte, chez certains adolescents, qu'ils se révèlent incapables de dire qu'ils n'y trouvent pas leur compte. Seul l'échec ou la dépression leur impose de rompre brutalement avec cette fascination.

Ce phénomène touche souvent les jeunes filles. Prisonnières d'un engagement scolaire important à leurs yeux, elles finissent par le ressentir trop réducteur sur le

11. Stefan Zweig, *La confusion des sentiments.*

plan humain. L'échec scolaire ou l'inefficience de la dépression deviennent alors les seuls biais par lesquels elles peuvent faire valoir leurs interrogations et leur identité de femmes.

Par ailleurs, l'économie de marché tend à faire de tout objet un objet de consommation. C'est-à-dire qu'à défaut d'être cernable – comme il le serait dans une démarche scientifique –, l'objet serait abordable, accessible, à condition d'y mettre le prix. Dès lors, chacun se trouve dépendant de cet objet qu'il aspire à s'approprier et à maîtriser, en méconnaissant profondément son désir. Dans notre société, la publicité a pour visée de nous rendre indispensable n'importe quel produit, comme si nous en avions un besoin vital.

Actuellement, sur le marché des biens de consommation, règne un objet qui cristallise ce type de malentendu ou de méconnaissance. C'est le téléphone portable, ou ses dérivés, tels les récepteurs à écran de messages écrits, particulièrement adressés au public des jeunes et des adolescents. En famille, les affrontements entre parents et adolescents se multiplient à propos du téléphone portable, le symbole d'accès à l'indépendance... Plusieurs points méritent notre attention. Tout d'abord, le téléphone portable est « offert », « donné ». Seuls demeurent à la charge de l'utilisateur les frais d'usage, frais d'abonnement et de communication. Présentés comme des outils indispensables à la communication, ces portables alimentent l'illusion d'une écoute et d'un appel permanents, d'une présence sans absence. Même absent, l'utilisateur a le loisir de « répondre » : il bascule sa ligne sur une messagerie vocale omniprésente. La communication dépend alors du « message », au dépend de la parole et des risques du dire.

De la même façon, nous connaissons la surenchère de séduction effectuée par les marques commerciales auprès des adolescents, considérés comme une cible commerciale intéressante. Les vêtements et chaussures de sport, marqués d'un sigle ou d'un emblème, jouent sur la quête des adolescents de leur propre identité, et alimentent la référence à une identité commune. De même pour les boissons et les *chewing-gums*, souvent associés en images au jaillissement de la vie.

Une autonomie illusoire et trompeuse ?

Le fait de « positiver l'objet » comme objet de consommation ou de savoir centre chacun sur sa quête, dans la recherche d'une satisfaction garantie. Les liens sexuels en sont profondément modifiés : hommes et femmes ne se situent plus dans la différence d'un désir sexué, mais ils partagent une expérience de solidarité, voire de complicité entre des « partenaires » engagés dans la même démarche. La différence des sexes s'en trouve abolie, puisqu'il ne s'agit plus de se placer différemment vis-à-vis d'un repère commun – le même renoncement originel –, mais d'obtenir le même objet. Ce qui supprime les difficultés liées à la différence des sexes, à l'incompréhension mutuelle, pour les déplacer sur la rivalité. Les liens de complicité entre ces partenaires courant après les mêmes objets alimentent l'homosexualité ambiante et « l'interchangeabilité » des partenaires, homosexuels ou hétérosexuels [12].

12. Charles Melman, *Lecture critique et raisonnée des œuvres de Freud et de Lacan.*

Par ailleurs, l'abaissement en 1974 de l'âge de la majorité à 18 ans visait sans doute à ajuster la loi aux mœurs. A 18 ans, un adolescent pouvait être embauché ou effectuer son service militaire. Mais cette loi a davantage provoqué l'ouverture du marché économique que le véritable affranchissement des adolescents concernés. En raison de la « chronicisation » des études qui maintient ces néo-majeurs en état de minorité prolongée. En raison aussi du manque d'argent qui impose à tout adolescent d'en passer par la caution parentale, ces « banquiers donnés par la nature [13] ». En raison enfin de la suggestion ou de la persuasion familiale, qui se montre d'autant plus efficace que l'adolescent ne dispose pas des moyens de ses ambitions et reste assujetti à ses parents.

L'abaissement à l'âge de 16 ans pour bénéficier de l'accès à certains services bancaires – où un livret Jeunes est mieux rémunéré que d'autres –, le développement de la conduite accompagnée sont des exemples récents typiques de la sollicitation à la consommation. Ces mesures ignorent les conditions réelles de l'autonomie de l'adolescent, qui reste sous la tutelle de ses parents jusqu'à sa majorité légale.

De même, certaines familles privilégient le mode de la complicité. Des parents proposent à leurs adolescents de mener une « vie de couple » sous le toit familial. Pareilles dispositions favorisent la mise en acte des pulsions, mais privent également ceux qui s'y engagent de tout risque lié

13. Jean Carbonnier, préface de *L'abaissement de l'âge de la majorité.*

à l'engagement de leur sexualité [14]. Notre époque n'est plus du tout celle du refoulement et de la gêne à l'égard de la sexualité. Au contraire, elle est plutôt desservie par la liberté quand celle-ci se réduit à la mise en avant du pulsionnel, de l'appropriation d'un objet sexuel. Il n'existe pas de frein, à l'exception de l'empêchement économique, pour accéder aux signes d'autonomie, qui sont généreusement distribués. Cette offre est transmise dans les familles, sur le registre du don et non plus sur celui de la dette. Il ne s'agit plus que le jeune adulte se sente redevable d'une dette, parfois insurmontable, à l'égard de ses géniteurs, mais plutôt que « tout » lui est donné sans qu'il puisse prendre la distance et le recul du désir.

L'adolescent est invité à partager, sans détour, tous les signes apparents d'autonomie du monde adulte. Restant dans l'attente d'une telle caution, il ne s'autorise pas à risquer son désir et sa propre incertitude. Dès lors, il demeure dépendant de la confirmation d'une instance adulte, à laquelle il reste assujetti, à défaut de s'en être affranchi. Cette largesse du don instaure entre l'adolescent et l'adulte un asservissement douloureux.

Les tensions, les difficultés, les souffrances et les crises à l'adolescence remettent en cause cet enchaînement de dépendances. Elles questionnent la responsabilité des adultes qui se trouvent directement interpellés.

14. Martine Lerude, *Réflexions psychanalytiques sur la conjugalité précoce.*

L'adolescence comme phénomène social

Toutes les questions de l'adolescence se manifestent dans la vie sociale par rapport au groupe, aux croyances et à la responsabilité des adultes.

Etre ensemble

L'adhésion à un groupe ou à une bande, le recours aux copains est une solution partielle apportée par l'adolescent aux incertitudes de son identité. Ce recours au groupe n'est pas spécifique de l'adolescence. Ainsi, le développement des rassemblements sportifs relayés par les médias sert de substitut à certains affrontements guerriers internationaux, comme des conséquences de la culture. Des accidents, des morts d'hommes survenus chez les supporters, comme l'a stigmatisé le drame du Heysel en 1985, rappellent à juste titre la violence et la haine qui y sont en jeu et canalisées. La dynamique du phénomène de groupe [15] tient à la mise en commun, par ses membres, d'un « trait » sur lequel ils se rassemblent. Le monde adulte génère, lui aussi, de tels regroupements autour d'une cause partagée, la défense d'une minorité, la lutte contre une injustice, le culte d'une « idole », etc.

Le « trait commun » varie dans sa nature, et il est identifié et désigné comme tel par l'extérieur : « Grunge, rappeur, taggeur... » Il a la particularité d'être, d'une manière ou d'une autre, un trait « positif » et non un manque [16]. Il sert de support à l'identité de chaque membre du

15. Sigmund Freud, « Psychologie collective et analyse du moi », *Trois essais de psychanalyse.*
16. Jacques Lacan, séminaire *L'envers de la psychanalyse.*

groupe, comme un trait idéal. Chacun s'identifie au caractère commun, ce qui a pour effet de soutenir l'apparence de son identité, mais d'éluder et d'éviter les questions liées au désir, à la référence au renoncement inaugural et au manque. Les membres du groupe se situent à la fois dans la référence à ce trait commun et dans la référence entre eux. Ils sont pris dans un lien au « même », à l'identique, qui conduit à l'uniformité et au refus, ou déni, de la différence. Ce côté « uniforme » est souvent exacerbé par des goûts – vestimentaires, musicaux, sportifs – communs.

> « *Steve avait tout compris.*
> *Il retourna droit au salon et mit* Sunshine on Leith *des Proclaimers. Il voulait célébrer la révélation : où qu'il aille, ses racines étaient là et ces gens étaient les siens. Son intervention déclencha des coups de gueule mais finit par toucher une corde. Les sifflets provoqués par le changement de disque s'arrêtèrent devant ses démonstrations d'exubérance. Il envoya de vigoureuses bourrades à Tommy, à Kent, à Beggar, il chanta à pleins poumons, valsa avec Kelly, il n'avait rien à faire de l'opinion des autres quant à sa métamorphose.*
> *– C'est sympa de te décoincer avec nous, lui dit Gav*[17]. »

Le groupe fournit à ses membres l'illusion d'une identité permettant à chacun d'éviter de se référer à son manque intérieur. Que ce soit là un soutien particulier familier aux adolescents ne pose, en soi, pas de problème. Nous connaissons tous la jubilation provoquée par l'ap-

17. Irvine Welsh, *Trainspotting*.

partenance à un groupe. Le problème survient si le groupe devient, pour l'individu, une manière de se défendre, voire de refuser les exigences posées par le désir. Le groupe privilégie l'uniformité de l'identité et repousse au second plan la différence, dont la différence des sexes, avec les bénéfices d'évitement d'un tel effet : « Tous pareils ! » Enfin, le groupe déplace l'expérience de la différence sur l'individu étranger au groupe. La différence est mise en acte par l'exclusion de l'étranger.

Brigitte, mère de deux filles de 15 et 17 ans, raconte : « En matière de conduites à risques, ma fille a de l'imagination ! Elle a commencé par se brûler l'avant-bras avec une cigarette pour conclure une sorte de pacte de l'amitié avec ses copines. La voilà maintenant affublée d'une belle cicatrice ! Pour elle, m'a-t-elle expliqué, c'était la seule façon de se faire admettre au sein de cette bande. Quelque temps plus tard elle a renouvelé ce pacte d'amitié, mais cette fois-ci en se tailladant les poignets pour échanger son sang avec les autres. A l'époque où l'on ne parle que du sida, je peux vous certifier que cela fait peur ! A partir de là, j'ai trouvé que cela devenait grave, j'ai limité ses sorties, j'allais la chercher moi-même le soir quand elle tardait trop, quitte à essuyer ses reproches. Au bout de 4 ou 5 mois, elle s'est rendu compte qu'elle ne pouvait même pas compter sur ces fameuses amies avec un grand A, et elle a cessé de les fréquenter [18]. »

Ces éléments, bien connus dans le jeu social, procu-

18. Jacques Arènes, Marie-Pierre Janvrin et François Baudier, *Baromètre Santé Jeunes 97/98.*

rent des bénéfices recherchés par ceux dont l'identité est fragile. Le racisme ambiant de cette décennie en est une parfaite illustration, où le rejet – jusqu'à l'agression et l'assassinat – de l'étranger fait écran aux questions de société et aux désarrois profonds des membres qui la constituent.

Les adolescents sont particulièrement sensibles à ce fait. Depuis longtemps, les mouvements de jeunes, politiques ou religieux, ont cherché à canaliser cet attrait. Actuellement, les rassemblements se font de manière spontanée autour d'activités, de leaders, d'attraits musicaux ou artistiques nouveaux. La musique « Rap » présente un concentré de vérité-violence-révolte dans lequel se retrouve toute une part des adolescents. Les caractéristiques des *rave parties* sont différentes. La spontanéité du lieu détourné des soirées (dans une forêt, un hangar désaffecté, une carrière abandonnée) et des invitations (bouche à oreille, *flyers* confidentiels), l'improvisation de la musique *techno*, l'absence de culte de la personnalité pour le *disc-jockey* qui officie... composent un temps d'exaltation collective. Dans les *rave*, ce culte du présent et de l'instantané est parfois renforcé par une toxicomanie à valeur initiatique. A l'extrême, d'autres mouvements utilisent cette attirance groupale pour manipuler véritablement les adolescents, et les embrigader dans des pratiques et des rituels de sectes dont les drames alertent de temps à autre l'opinion.

Enfin, la structure du groupe alimente l'illusion que son chef disposerait d'un pouvoir lui évitant de se plier à un quelconque renoncement. L'illusion est aussi que chacun pourrait accéder au même statut s'il occupait cette place, d'où le désir d'évincer le leader. En fait, ce pouvoir central maintient les membres du groupe dans une position qui n'est pas de l'ordre de la filiation, mais de la séduction passive, de l'assujettissement féminin. Le rapport au chef n'est pas de l'ordre du rapport père-fils, mais du rapport chef-épouse [19]. La dépendance dans laquelle peut se situer l'adolescent vis-à-vis d'une instance qui figure l'autorité éclaire son penchant à s'inscrire dans un tel registre. L'adhésion de l'adolescent à un tel groupe lui fait adopter une position féminine, qui vient interférer avec ses tâtonnements dans la quête de son identité sexuée.

> *« Dès les premiers jours de décembre, l'école cessa d'être désertée le soir, après quatre heures... Il y avait toujours, après le cours, dans la classe, une vingtaine de grands élèves... serrés autour de Meaulnes. Et c'étaient de longues discussions, des disputes interminables, au milieu desquelles je me glissais avec inquiétude et plaisir. Meaulnes ne disait rien ; mais c'était pour lui qu'à chaque instant l'un des plus bavards s'avançait au milieu du groupe, et, prenant à témoin tour à tour chacun de ses compagnons, racontait quelque longue histoire de maraude, que tous les autres suivaient, le bec ouvert, en riant silencieusement... Puis, à la nuit tombante, Meaulnes se levait soudain et, traversant le cercle pressé :*
> *"Allons, en route" criait-il.*
> *Alors tous le suivaient et l'on entendait leurs cris jusqu'à la nuit noire, dans le haut du bourg*[20]. »

19. Charles Melman, *Lecture critique et raisonnée des œuvres de Freud et Lacan.*
20. Alain-Fournier, *Le grand Meaulnes.*

Croyance et adolescence

En notre monde positiviste, du fait du discours de la science et du libéralisme économique, la référence à l'impossible, qui est la condition du désir, est désamorcée. Réduits par la rationalité, les désirs, les envies et les espérances ne peuvent plus s'exprimer. Ils resurgissent avec vivacité dans les croyances, comme le montre la multiplicité des sectes ou bien – d'une manière plus banale et plus familière – dans les mouvements et élans se référant à la nature, à la pureté naturelle, et prônant des démarches écologiques de tous bords. La croyance épouse une démarche par ailleurs tout à fait justifiée. Mais la nature semble offrir à ceux qui se trouvent dans l'incertitude une forme de valeur sûre, non susceptible de tromperie.

Existe-t-il un monde adulte ?

Enfin, et c'est l'une des conséquences de l'émiettement de la vie familiale, nous assistons à une perte de régulation de la vie sociale par l'autorité symbolique des parents. Cela est dû à l'éclatement de la famille, et à la difficulté des parents à « faire autorité » ou à s'autoriser à prendre position en référence à ce qu'ils sont, en se dégageant des supposés savoirs qui peuvent désamorcer leurs assises personnelles. Cela est aussi dû au fait que les parents sont trop prisonniers des enjeux matériels ou économiques actuels. Leurs enfants se retrouvent en prise aux mêmes difficultés, sans dégagement possible. D'où ces retours de bâton actuels, où certains dirigeants menacent de prendre des sanctions administratives à l'encontre de familles. Agitées comme des menaces, la privation, la confiscation de droits et d'allocations seraient censées provoquer la responsabilité des parents jusqu'alors jugés démissionnaires...

CHAPITRE VI

L'adolescent et le psychanalyste

C'est un point d'emblée délicat. La perspective développée par la psychanalyse est que l'individu qui souffre puisse se dégager de ses symptômes, et de manifestations gênantes et handicapantes, en appréhendant et en se familiarisant avec ses repères inconscients, qu'il refuse jusqu'alors de considérer comme siens.

La nature de l'approche psychanalytique

Ce travail nécessite une grande rigueur dans la manière d'être attentif à soi-même ; le « protocole [1] » analytique est souvent décrié à cause de cette rigueur. Un tel travail exige que l'attention de l'analyste se porte essentiellement sur le « décodage » de l'inconscient. Ce n'est pas

1. Le protocole désigne toute la mise en place du processus de la cure : régularité des séances, nécessité de dire mais de ne pas passer à l'acte, etc.

la quête de l'effet immédiat ou de l'effet « à tout prix » qui guide le psychanalyste, même s'il peut escompter obtenir des effets rapidement tangibles. Sigmund Freud a buté sur ce point, dans certaines de ses psychanalyses dont il a détaillé le déroulement. Ainsi pour le cas de Dora [2], une jeune femme adolescente. Les liens antérieurs de Freud avec les parents de Dora l'ont influencé pour chercher trop activement le « bien » de sa patiente. Ils ont introduit une limite dans la démarche pour faire émerger les lignes de force inconscientes chez Dora.

L'adolescence est un temps où les demandes d'aide sont formulées avec insistance, et dans l'exigence de résultats rapides. Ceci est dû à plusieurs facteurs :

Le symptôme est dramatisé ; cette dramatisation est liée à la dimension narcissique de l'adolescence. Cette insistance n'est pas dénuée d'arrière-pensées. Les adolescents et leurs parents sont souvent soulagés de faire appel à un interlocuteur étranger pour ne pas se confronter directement aux questions de fond.

Enfin, les parents veulent éviter à l'adolescent tout risque de « décrochage ». A son âge, ses orientations scolaires et ses choix sont rapidement déterminants. La pression du contexte social ne semble pas accorder une grande marge de manœuvre.

Tout cela procure aux demandes d'aide une tonalité singulière, où se mêlent l'urgence de résultat et de changement de l'adolescent, et le désarroi de tous les acteurs devant l'impasse familiale. Il est donc important de ne

2. Sigmund Freud, « Le cas Dora », *Cinq psychanalyses.*

pas tomber dans les travers de cette pression et d'être particulièrement vigilant sur la manière d'y répondre.

La place de l'analyste

Nous avons vu précédemment les risques de la compréhension à tout prix, les risques de la psychologisation. Le recours au psychanalyste n'est pas le recours à une explication « supplémentaire » ; elle n'est ni la « meilleure » ni la « bonne ». Les exemples qui précèdent ont montré ce que visaient les manifestations symptomatiques de l'adolescent. Ainsi, certaines mises en acte adolescentes (p. 40) mélangent l'appel à l'élucidation du symptôme, avec la sollicitation d'une instance symbolique qui permette cette élucidation. Nous avons vu que les surenchères de l'adolescent étaient liées au défaut d'une telle référence, et qu'il fallait lire ses mises en acte comme un appel à voir cette position symbolique s'affirmer. Dans ces situations, la place de l'analyste comme « position symbolique » est « appelée » par la crise. L'analyste ne se substitue pas au parent, il n'est pas un confident disponible, et encore moins un copain complice.

Pareille exigence se rencontre, on l'a vu, dans des situations où les tentatives de l'adolescent de faire valoir son désir sont étouffées par les explications, les projections du savoir et des rêves des parents. Il en va de même dans les situations familiales où les difficultés se manifestent dans l'opposition, l'affrontement, le refus ; où les revendications portent sur un même idéal, dont chacun se dispute la propriété exclusive (pp. 26-27). La prise en compte de l'enjeu de ces affrontements exige, là encore, un tiers extérieur comme l'analyste.

Des réponses différentes

Nous allons distinguer trois types principaux de démarches. Les deux premiers répondent à des « mises en acte » par les adolescents. Ils ne parviennent pas à témoigner autrement de leur désir. Ces cas exigent, le plus souvent, que l'analyste rencontre les parents.

Constituer un lieu propre

Tout d'abord, il faut permettre à l'adolescent de constituer son lieu propre, à l'écart des influences de ses proches. Cette réponse renvoie à l'exemple développé plus haut (pp. 81-83). Le travail analytique va permettre à l'adolescent de se dégager de la place où il se trouve en position d'objet, comme enjeu entre ses parents. Pour chacun, désirer implique de consentir à un manque, à une forme de vide intérieur. Cette expérience de manque implique que l'adolescent puisse s'écarter du rêve et des « projections » de ses parents. Ce dégagement est difficile dans plusieurs types de situation :

Quand les relations du couple parental sont empreintes de passion. Demeurer l'enjeu de ses parents – dans certaines séparations familiales, par exemple – peut procurer à celui qui occupe cette position le bénéfice de « faire le lien » entre ses parents.

Ou bien, le rapport des parents tient au désaccord. Dans le couple, le lien narcissique, en miroir, permet à chacun d'avoir un appui. Mais toute parole affirmative de l'un est immédiatement refusée par l'autre : elle marque une différence, mettant en cause l'identification en miroir. Dans ces situations, l'adolescent, qui appelle la différence, met en cause l'équilibre même du couple parental dont le fonctionnement en miroir exclut, de fait, tout tiers.

Dans ces cas, l'adolescent ne peut trouver d'espace où faire l'expérience de son désir, puisque le rêve de ses parents obture tout. Il ne peut constituer un écart qui lui permette d'exister psychiquement qu'en « se jetant », en se « lançant » lui-même comme objet. C'est ainsi qu'apparaissent des situations de fugue, certaines tentatives de suicide, certains usages de toxiques. Le sujet est « ailleurs » que là où on l'attend. Cet « ailleurs » tente maladroitement de laisser la place au manque, qui pourrait servir d'assise au désir.

Il est fondamental de dégager l'adolescent de sa position d'enjeu familial. Il est important de rencontrer les parents en sa présence. En couple s'ils vivent ensemble, séparément s'ils sont séparés. S'il semble justifié de répéter des rencontres communes avec les parents, il est nécessaire que l'adolescent ait un autre interlocuteur pour ses entretiens individuels, dans un autre lieu. Un tel travail avec les parents est indispensable pour que s'amorce, éventuellement, la démarche personnelle et volontaire de l'adolescent. Autrement, il jouera avec le psychanalyste le même type d'évitement qu'avec ses autres interlocuteurs. L'exemple de Pierre (pp. 81-83) est éloquent sur ce point.

« Le plafond du Dr. Harley était orné de moulures peintes en blanc. Pour un observateur superficiel, se dit Harold, il devait paraître plat, uni et inintéressant.

– Harold. [...]

– Harold ! [...]

– Harold, vous ne m'écoutez pas. Je vous demandais si vous aviez des amis.

Harold s'arrachant à sa rêverie se concentra sur cette question.

– Non, dit-il enfin.

– Pas un seul ?

– Une, peut-être, fit Harold après réflexion.

– Seriez-vous disposé à me parler de cette amie ?

– Non.

– Votre mère la connaît-elle ?

– Non.

– Est-ce une amie d'enfance ?

– Non.

– Bon, fit le Dr. Harley qui, se frottant la nuque, décida de tenter une nouvelle approche.

– Vous vous plaisiez à l'école ?

– Oui.

– Vous aimiez vos professeurs ?

– Oui.

– Vos condisciples ?

– Oui.

– Vos études.

– Oui.

– Dans ce cas, pourquoi les avez-vous abandonnées ?

– J'ai mis le feu au laboratoire de chimie[3]. »

3. Colin Higgins, *Harold et Maude.*

Les adolescents qui refusent une aide spécialisée sont nombreux, pour la simple raison qu'ils demandent au préalable que leurs parents leur laissent le champ libre. Si cette garantie n'est pas donnée, toute avancée de l'adolescent risque d'être annulée, ou réappropriée par les rêves des parents. Il est parfois préférable de voir les parents seuls, de façon répétée si nécessaire, pour éviter de maintenir l'adolescent en position de voyeurisme vis-à-vis des tensions parentales.

Un tel travail nécessite inventivité et création de la part du psychanalyste pour s'ajuster aux personnalités, aux problématiques et aux modes d'expression de chacun. Le psychanalyste se garde de toute interprétation intempestive et inutile, voire dangereuse. Sa fonction est plutôt une fonction de butée, d'arrêt, par rapport aux mises en acte des parents et à leur rêve envahissant ! Il s'agit d'assurer, de marquer une position symbolique dans le concret. Il ne s'agit pas là de ce que l'on entend habituellement par « thérapie familiale », qui tourne davantage autour du dévoilement d'un fantasme, d'un mythe ou d'un rêve animant la famille dans son ensemble. Cette position de butée, marquée par la répétition des entretiens avec les parents, sert de jalon à l'adolescent pour lui faire supposer que cet arrêt va se révéler fiable. Il va lui permettre, petit à petit, d'exprimer et de faire reconnaître son désir.

La constitution d'un tel lieu de butée ne correspond-elle pas à la réinstauration de l'instance symbolique du tiers, dont la figure paternelle est représentante, et dont nous avons souligné la faillite dans notre monde actuel ? N'est-ce pas la référence à un lieu – celui de l'analyse – qui favorise une parole fiable, une parole sans concession et qui engage ? L'exemple du père de Pierre est intéressant sur ce point. Dans son effort pour se dégager du lien imaginaire à son ex-femme, il a réussi à affirmer son autorité de père et à déclarer à son fils : « Je ne paierai plus pour toi ! »

Permettre le pas de l'adolescence

Le deuxième type de démarche vise à permettre au sujet de faire le « pas » de l'adolescence. Cela répond à des situations de « mises en acte » de l'adolescent liées aux attitudes d'opposition. Par là, le jeune tente de se dégager de l'idéal familial, ou de ce que ses parents projettent sur lui.

D'une manière analogue, il importe de rencontrer les parents, si nécessaire à plusieurs reprises, avec l'adolescent, pour repérer autour de quoi se noue l'affrontement et l'aveuglement réciproque. J'ai déjà souligné le poids de l'idéal chez les parents et comment, dès que l'adolescent parvient à mettre en jeu son désir propre, il reprend quand même à son compte, d'une manière ou d'une autre, cet idéal, car il n'est plus aussi impératif. Ce type de rencontres permet parfois, à lui seul, que l'adolescent mette en jeu son désir et fasse un premier « pas ». L'exemple de Mathilde, dans son choix des métiers du son, illustre bien ce franchissement. Ce premier pas ne préjuge pas de la démarche personnelle de psychanalyse qui lui reste à faire.

Avant tout début d'analyse, des rencontres préliminaires avec certains parents suffisent à susciter un tel dégagement pour le désir de l'adolescent. Parfois, il est nécessaire de répéter quelques rencontres. La démarche de l'analyste vise à favoriser, chez les parents, le discernement entre leurs rêves et leur position symbolique.

A ce titre, et notamment dans le cadre d'entretiens préalables, le même interlocuteur peut parfois tenir cette fonction. Sa position extérieure à l'histoire familiale lui permet d'éclaircir des pans obscurs, dont les symptômes sont traités avec familiarité (nous avons souligné ce travers en page 86). Là encore, il importe de pouvoir ajuster au mieux les conditions de ce travail de dégagement.

La psychanalyse

La psychanalyse de l'adolescence implique de ne pas rester tributaires de l'apparence des symptômes, mais d'aller à l'essentiel. Il est illusoire de supposer qu'un échec scolaire récidivant, qui témoigne du malaise d'un adolescent, disparaîtra si on lui offre des cours particuliers. Ceux-ci ne feront que déplacer le symptôme et le problème, tant que le malaise général de l'adolescent ne sera pas pris en compte. Il est tout aussi illusoire de supposer que la croissance arrangera tout, et que « Cela lui passera ! » Cette attitude est prise par l'adolescent pour du désintérêt et le conduit souvent à la surenchère.

Si l'on vient à évoquer la nécessité d'une aide pour un adolescent, il importe d'être prudents dans la manière de lui présenter cette offre, et de bien définir ce que recouvre le terme de « psychothérapie ». Notamment ce terme vague de « psychothérapie de soutien ». Si le soutien – la présence attentive d'un adulte auprès de l'adolescent – peut présenter certains bénéfices pour lui, ses limites apparaissent rapidement. Le symptôme et la difficulté resurgissent : ne pouvant être résolus par cette seule démarche de soutien, ils se compliquent de la déception, ou du désarroi de l'adolescent.

C'est à ce titre que j'ai pris le parti de parler de psychanalyse, faisant ainsi référence à la formation et à la position du psychanalyste. L'écoute qu'il propose correspond à une forme d'attention à tout ce qui fait la structure du sujet, de ses propos, pour lui en permettre le déchiffrage. C'est là que se situe le transfert [4], qui s'appuie sur la demande d'aide, ou sur l'appel même de l'adolescent, pour l'éclairer sur ce qui l'anime inconsciemment et sur la structure de son désir.

Pour les personnes adultes, ce travail analytique est habituellement mené au rythme de séances fréquentes, c'est-à-dire deux à trois fois par semaine, pour privilégier l'attention à soi. Il suppose que le patient s'allonge sur le divan, le psychanalyste placé derrière lui. Cette position exclut donc le soutien du regard quand le patient parle. Cet artifice rompt avec le face à face – trame habituelle des liens sociaux –, pour permettre au patient d'avoir une grande liberté d'attention à tout ce qui se présente à son esprit, et de l'énoncer sans réserve.

Pour certains adolescents, une telle démarche est possible d'emblée. Pour d'autres, le rythme des séances peut être différent, la position en face à face se justifier momentanément, ou les propos de l'analyste se faire moins réservés, notamment pour des adolescents inhibés. Tous ces aménagements dépendent des difficultés et des

4. Le transfert désigne le processus par lequel les désirs inconscients se reportent sur l'analyste.

possibilités de chacun. Pour l'analyste, ils correspondent à un temps d'inventivité qui, même s'il est minime, est généralement perçu par l'adolescent comme une marque d'authenticité. Il ne se retrouve pas coincé dans un cadre rigide et préétabli. Toutefois, ces aménagements ne sont concevables que s'ils restent soutendus par l'écoute et la rigueur psychanalytiques.

Le paiement de la séance vient en contrepartie de la liberté de la parole qui y est engagée. Nous avons vu, dans le « pas » de l'adolescence, l'engagement pour chacun de son désir. C'est un pas qui engage. Et qui engage aussi les parents, notamment quand leur présence se fait directement sentir dans la structuration du symptôme. La psychanalyse engage aussi les parents. C'est pour cette raison qu'ils peuvent participer financièrement à la démarche de leur enfant. De ce fait, ils cautionnent ce qui leur semble important pour lui, au même titre qu'ils n'hésiteront pas à permettre un enseignement de piano, un cours de judo, voire la location d'un studio. En fonction de son âge, l'adolescent peut prendre part à ce coût financier. Ceci est à évaluer et à préciser dans la mise en place de sa démarche analytique.

Dans ce domaine du paiement très décrié, rappelons que la psychanalyse est une démarche qui coûte et « travaille » l'individu qui s'y engage, sans que d'autres aient à y participer par des interventions verbales ou financières. Si des aménagements ont été trouvés pour permettre une telle démarche à des personnes aux moyens financiers limités (consultations dans le secteur public, remboursements partiels de séances par le recours à des feuilles de soins), ils demeurent liés à telle ou telle situation particulière. Alors que le discours ambiant et la dimension perverse du lien social actuel conduiraient à faire entrer cette démarche dans un registre de redistribution sociale : « Que cela ne me coûte rien ! » La question du paiement des séances fait partie des motifs qui conduisent le psychanalyste à rencontrer les parents de l'adolescent, lors d'entretiens préalables.

D'une manière générale, il importe de garder à l'esprit l'arrière-plan parental, même si l'adolescent fait cette démarche de sa propre initiative. Car ici, l'adolescent peut se révéler être le symptôme, la maladie de la famille tout entière : « Ce qui ne va pas est à cause de toi, va te faire soigner ! » Si elle n'est pas élucidée à temps, cette ambiguïté risque de conduire à l'interruption de la psychanalyse, tandis que les parents laissent libre cours à leurs mises en acte habituelles.

La rencontre entre l'analyste et les parents de l'adolescent permet aussi de se reconnaître et de se positionner respectivement. Le psychanalyste témoigne que les parents, dans leurs positions propres, portent en eux une part de savoir concernant l'adolescent. C'est, de ce fait, faire saisir aux parents la distinction de place entre eux et la spécificité de la position de l'analyste. Cette rencontre est aussi, pour l'adolescent, le signe de l'importance que ses parents accordent à sa démarche et à son devenir, et qu'ils lui reconnaissent la liberté de les prendre à son propre compte.

Ces « ajustements » de position s'avèrent nécessaires dès que les parents se manifestent, d'une manière ou d'une autre, auprès de l'analyste. Toute intervention de leur part à propos des horaires, de l'argent, de la façon dont vont se dérouler les premiers entretiens souligne l'importance d'une telle rencontre. Celle-ci doit toutefois être suggérée avec tact. Il existe des cas où elle est impossible. Il est aussi des situations où les rencontres avec les parents s'avèrent inefficaces, notamment dans les situations familiales où les relations sont manipulatrices. Dans ce cas, aucun membre de la famille, les parents au premier chef, ne trouve intérêt au changement.

A travers ces lignes, nous voyons se préciser la manière de tenir compte de l'appel de l'adolescent. Celui-ci peut être « décodé et décrypté » par un interlocuteur familier de ces questions. La prise en compte des liens familiaux de l'adolescent est déterminante. La liberté du psychanalyste pour poser de tels jalons est fondamentale. Elle tient compte des contraintes liées à la structure de l'inconscient, mais aussi de la manière dont elles se manifestent pour l'adolescent. A ce titre, ces « ajustements » sont souvent perçus comme des marques d'authenticité.

Conclusion

Nous avons vu ce que pouvait signifier, pour des parents confrontés à l'adolescence de leur enfant, de faire le pas les conduisant à passer de ce qui serait le « métier » de parents au « travail » de parents.

Ce travail n'est pas à réduire à l'unique dimension de la souffrance. Comme tout travail, il produit un nouvel élément, une plus-value [1], une place où l'adolescent trouve la possibilité de s'engager dans ses choix. Il engage ainsi une dimension de lui-même dont la souffrance passée témoignait qu'elle lui faisait défaut.

On ne saurait, pour autant, affirmer que le « travail » des parents soit un but pour l'adolescent ; ce ne peut être qu'un moyen. Un moyen qui permette à chacun de se dégager de sa dépendance du désir des adultes. Un moyen qui autorise l'adolescent à mettre en jeu ce qu'il désire le plus profondément dans sa vie. Un moyen qui

1. Cf. Jacques Lacan, séminaire *L'envers de la psychanalyse.*

l'ouvre à la liberté de découvrir les repères de son identité.

De ce fait, les parents perdent leur utilité quand l'adolescent fait ce franchissement. Ce pas augure un autre temps, exigeant et douloureux, de leur travail. Mais en travaillant ainsi, ils ont tenu leur place de parents et sont restés fidèles à eux-mêmes. Ce qu'ils ont permis ne justifie pas d'alimenter un culte quelconque des parents. Sigmund Freud a souligné que la nomination et la référence au père sont, pour l'enfant, les conditions d'accès au désir. C'est la position symbolique manifestée par le père qui constitue un impossible, permettant au désir de se structurer.

L'adolescence des enfants sollicite à nouveau le désir des parents, mais aussi les exigences qu'ils y rencontrent. Le « travail des parents » consiste pour chacun à tenir compte de ces exigences. Il s'agit pour eux d'en témoigner, auprès de l'adolescent, dans la position symbolique qu'ils ont alors à tenir.

Bibliographie

ALAIN-FOURNIER, *Le grand Meaulnes*, © Librairie Arthème Fayard, 1986.

Louis ARAGON, *Les cloches de Bâle*, Denoël, 1934.

Jacques ARÈNES, Marie-Pierre JANVRIN et François BAUDIER, *Baromètre Santé Jeunes 97/98*, CFES, 1998.

Jean BERGES, « Adolescent, impasse », *Psychanalyse de l'enfant, Adolescence*, Clims, tome 2, n° 6, 1989.

Jean BERGES et Gabriel BALBO, *L'enfant et la Psychanalyse*, Masson, 1994.

La Bible, « Le Livre de l'Ecclésiaste », Desclée de Brouwer, 1962.

Oscar BLOCH et Walter VON WARTBURG, *Dictionnaire étymologique de la langue française*, PUF, 1994.

Alain BRACONNIER et Daniel MARCELLI, *Psychopathologie de l'adolescent*, Masson, 1988.

Jean CARBONNIER, Préface de « L'abaissement de l'âge de la majorité » dans J. MASSIP, *Répertoire du Not. Dufrénois.*

Roland CHEMAMA (sous la direction de), *Dictionnaire de la psychanalyse*, Larousse, 1993.

CD Manu CHAO-Mano Negra, éditions Patchanka/EMI Publishing France.
Marguerite DURAS, *L'amant*, Editions de Minuit, 1984.
Annie ERNAUX,
La honte, Gallimard, 1986,
Ce qu'ils disent ou rien, Gallimard, 1989.
Jean Marie FORGET, « Le traumatisme à l'adolescence », Entretiens de Bichat, ESF, 1995.
Sigmund FREUD,
Totem et tabou, Payot, 1971,
« Au-delà du principe de plaisir », « Psychologie collective et analyse du moi », *Trois Essais de psychanalyse*, PBP, 1971,
Inhibition, symptôme et angoisse, PUF, 1975,
« Les théories sexuelles infantiles », « Pour introduire le narcissisme », *La vie sexuelle*, PUF, 1977,
« Deuil et mélancolie », « Pulsion et destin des pulsions », *Métapsychologie*, Gallimard, 1977,
« Le cas Dora », *Cinq psychanalyses*, PUF, 1977,
L'avenir d'une illusion, PUF, 1997.
Béatrice HAMMER, *La princesse japonaise*, Criterion, 1995.
Colin HIGGINS, *Harold et Maude*, Denoël, 1972.
Philippe JEAMMET, « Réalité externe et réalité interne. Importance et spécificité de leur articulation à l'adolescence », *Revue française de psychanalyse*, Paris, 1980, n° 44.
Yvonne KNIBIEHLER, « L'adolescence », *L'information psychiatrique*, Paris, 1993, n° 4.
Jacques LACAN,
Le désir et son interprétation, séminaire de l'année 1958/1959, notamment les séances des 15, 22 et 29 avril 1959, inédit,
L'angoisse, séminaire de l'année 1962/1963, notamment les séances du 16 et du 30 janvier 1963, inédit,
« Le stade du miroir comme formateur de la fonction du Je », *Ecrits*, Le Seuil, 1966,

L'envers de la psychanalyse, séminaire de l'année 1969/1970, notamment les séances des 18 février, 11 et 18 mars 1970, inédit,
Les quatre concepts fondamentaux de la psychanalyse, séminaire de l'année 1972/1973, Le Seuil, 1973,
Séminaire *Encore*, Le Seuil, 1975,
Les complexes familiaux, Bibliothèque Analytica, Navarin, 1984.
Jean-Pierre LEBRUN, *Un monde sans limite*, Erès, 1997.
Martine LERUDE, « Réflexions psychanalytiques sur la conjugalité précoce », *Le Discours Psychanalytique*, Naves, 1993, n° 9.
Pierre MALE, *La crise juvénile*, Payot, 1982.
MARIVAUX, *Le jeu de l'amour et du hasard*, Le livre de poche, 1997.
Guy DE MAUPASSANT, *Le Horla*, Le livre de poche, 1978.
François MAURIAC, *Un adolescent d'autrefois*, Flammarion, 1982.
Charles MELMAN,
« Y aurait-il une question particulière du père à l'adolescence ? », *Clinique psychanalytique*, AFI, 1991,
« Les adolescents ont toujours affaire au Minotaure », *Clinique psychanalytique et lien social*, AFI, 1993,
Lecture critique et raisonnée des œuvres de Freud et de Lacan, séminaires du 18 décembre 1997 et du 15 janvier 1998, inédit.
MOLIÈRE, *L'Avare*, Gallimard, 1993.
Alberto MORAVIA, *La désobéissance*, Denoël, 1949, traduit de l'italien par Michel Arnaud.
Madeleine NATANSON, *Des adolescents se disent*, De Boeck & Belin, 1998.
Jean PERRIN,
« Le droit de la famille et de l'enfant », *La Psychanalyse de l'enfant*, AFI, Marsat, 1993, n° 14,

« Suis-je le propriétaire ou l'usufruitier de mon corps ? », *Journal Français de Psychiatrie*, 1995, n° 2.
Jacques PRÉVERT, *La pluie et le beau temps*, Gallimard, 1955.
Jean-Jacques RASSIAL,
L'adolescent et le psychanalyste, Rivages, 1990,
Le passage adolescent, Erès, 1996.
Georges RODENBACH, *Bruges-la-Morte*, Actes Sud, 1989.
Léon TOLSTOÏ, « Adolescence », in *Souvenirs et récits*, Bibliothèque de la Pléiade, © Gallimard, 1960, traduction française de Sylvie Luneau.
Alberto VIVEGANI, *Un été au bord du lac*, Rivages, 1996.
Irvine WELSH, *Trainspotting*, © Editions de l'Olivier/Le Seuil pour la traduction française, 1996.
Donald WINNICOTT, « Objets transitionnels et phénomènes transitionnels », *De la pédiatrie à la psychanalyse*, PBP, 1969.
Stefan ZWEIG, *La confusion des sentiments*, Stock, © 1980 pour la traduction française.

Table des matières

CHAPITRE PREMIER
L'adolescence est une notion récente

CHAPITRE II
L'adolescence et ses symptômes

CHAPITRE III
L'adolescence en marche

CHAPITRE IV
L'adolescence en souffrance

CHAPITRE V
L'adolescence est-elle un symptôme ?

CHAPITRE VI
L'adolescent et le psychanalyste

DANS LA MÊME COLLECTION

Monique Brachet-Lehur
Les écrans dévorent-ils vos enfants ?

Jacques Arènes
Y a-t-il encore un père à la maison ?

Nicole Fabre
Ces enfants qui nous provoquent

Geneviève de Taisne
Vous devriez l'emmener chez le psy

Nicole Fabre
Sont-ils heureux loin de nous ?

Jacques Arènes
Dis, un jour, moi aussi je mourrirai ?

Madeleine Natanson
Dans ma famille, je demande les grands-parents !

Marie-Claire Duco
Papa, maman, l'école et moi

Claude Nachin
À l'aide, y a un secret dans le placard !

Pascal Hachet
Ces ados qui fument des joints

Lyliane Nemet-Pier
Moi, la nuit, je fais jamais dodo...

Colette Jacob
Peut-on encore élever ses enfants ?

Jacquelyne Brun
Angoisse, es-tu là ?

Pascal Hachet
Ces ados qui jouent les kamikazes

Natacha Aymon Gerbier
Dis, maman, je veux un chien !

Hélène Montardre
Mais que lisent-ils ?

Gérard Neyrand
La culture de vos ados

Annie de Butler
Génial ! mes parents s'aiment !

Ouvrage composé par Tournai Graphic
et achevé d'imprimer en décembre 2000
par l'Imprimerie France Quercy
N° d'impression : 02742
N° d'édition : 20111
dépôt légal : décembre 2000